W0372919

Michaela Fichtner

Der Sultan hat gelacht nach 1001 Nacht

Zauberhafte Geschichten aus dem Morgenland zum Spielen, Singen und Tanzen

Illustrationen von Kasia Sander

Ökotopia Verlag, Münster

Impressum

Autorin	Michaela Fichtner
Illustratorin	Kasia Sander
Projektleitung	Barbro Garenfeld
Notensatz	Ja. Ro. Music, Hünstetten
Satz	Hain-Team, Bad Zwischenahn
ISBN	978-3-86702-184-5

1. Auflage

© 2012 Ökotopia Verlag, Münster

Alle Lieder dieses Buches finden Sie auf der CD von Van Tute alias Thorsten Wadowski & Qusai Zureikat:

Der Sultan hat gelacht nach 1001 Nacht

Wunderschöne Märchen, bezaubernd lustige Lieder, Tänze und Klänge aus dem Morgenland
ISBN 978-3-86702-185-2

Die Texte der Lieder aus diesem Buch sowie **alle Liedtexte sämtlicher Ökotopia-CDs** stehen in unserer Datenbank zum kostenlosen Download bereit: **www.oekotopia-verlag.de/liedertexte**

Danksagung

Viele großartige Leute haben mich unterstützt und viele traumhafte Orte haben mich inspiriert. Dafür möchte ich mich herzlich bedanken. Vielen lieben herzlichen Dank euch allen! Ich hoffe, dass ihr euch alle in diesem Buch wiederfindet.

- Meinem tollen Mann Holger und meinen zwei wunderbaren Kindern Hannah und Luca. Meinen Eltern, Familie, Sonja und all meinen Freundinnen, die immer ein offenes Ohr hatten.
- Johanna und Pauline des Musikers Thorsten Wadowski von „Van Tute“ erfanden den tollen Tanz zum Liebeslied.
- Auch die Kinder und Erzieherinnen des Kindergarten St. Franziskus und St. Martin in Hüttlingen versorgten mich mit tollen Ideen und orientalischen Gedanken.
- Doch vor allem meine Schwester Sandra Kobi liegt mir am Herzen, die mich an die schönsten Plätze des Morgenlandes führte und trotz der großen Entfernung stets für mich da war. Durch sie hatte ich die wunderbare Möglichkeit, eine andere Kultur nicht nur als Tourist, sondern als Mitglied einer orientalischen Familie kennen zu lernen.

Inhalt

Vorwort 5

Wie alles begann 7

Ideen zur visuellen Gestaltung von 1001 Nacht 8

Eine märchenhafte Einrichtung für verzauberte Stunden 8

Stoffe färben · Das Märchenzelt · Palast im kleinen Raum · Minizelt zum Mitnehmen · Türvorhang ins Morgenland · Orientalische Windlichter · Lichterkette aus 1001 Nacht · Fenster mit Blick ins Morgenland · Das Handwerk des Schlangenbeschwörers

Zauberhafte Kleidung für orientalisches Flair 16

Der Schleier der Prinzessin · Der Turban des Königs · Pumphosen

Eine Scheherazade-Puppe als Begleitfigur 18

Eintauchen in 1001 Nacht 19

Die Traumreise ins Morgenland · Eintritt in den Märchenpalast · *Der traurige Sultan*

Sindbads Abenteuer 24

Das Dromedar mit blondem Haar · Lärmmacher – Instrumente aus dem Morgenland · Mit Sang und Klang auf Sindbads Reisen · Bewegte Reise · Abenteuer mit Rok · Kristalle züchten · Sudoku mit Glitzersteinen · Logische Reihen mit Glitzersteinen

Der kleine Muck 37

Der kleine Muck und die schnellen Schuhe · *Die Turbopuschen* · Slipper für den kleinen Muck · Schnelle Schuhspiele · Schleichen, Hüpfen, Drehen, Springen · Ahavazis köstlicher Brei · Tischreime · **Der kleine Muck und das Geheimnis der Feigen** · Mucks Zauberstock sucht Schätze · **Chuschchusch: Dufte Sinnesspiele**

Ali Baba und die 40 Räuber 52

Sesam, öffne dich! · Der verflixte Zauberschlüssel · Schätze in der Höhle · Die Magie des Bauches · *Bauchtanzlied* · Geheimnisvoll leuchtende Kristalltänze · *Das Lied von den 40 Räubern* · Massageöl · Maradschas Fußmassage

Kalif Storch 66

Liebeslied Eule & Storch · Balztanz zwischen Eule und Storch · Storchstelzen · Storchenschnabel · Storchsalat · Froschwache · Blinkende Eule · Schatzkistchen des Zauberers · Freche Frösche fressen! · Magische Zauberwörter

Aladin 80

Der Fliegende Teppich · Fliegender Teppich · Simsalasig, Zauberteppich flieg! · Schwungsalabim · *Der Flaschengeist* · Der Geist aus der Flasche · Rätsel rund um Aladins Welt

Der Prinz, der eine Schildkröte zur Frau nahm 92

Schön blöd · Des Kalifs Pfeil und Bogen · Tavos Volltreffer · Mit Ziege, Gans & Schildkröte · Schildkrötenrennen · Ein Kraftmahl für den Kalifen · Gemüsepfanne-Massage

Hassan, der Seiler 101

Streiten ist ganz normal · Hassans Seilspiele · Schatzfisch · *Die rosa Unterhose* · Seiltanz mit rosa Unterhose · Fingerstreiten · Streiten kann soooo schön sein!

Ali, der Meisterdieb 113

Räubertanz Masari · Dem Meisterdieb auf der Spur · Ali, lass dich nicht erwischen! · Orientalischer Palast · Gauklerstück „Ali, der Meisterdieb" · Überfall auf des Geldwechslers Haus · Weggetrickst · Dreh und weg · Die Münzpoliererei · Körperkunst · Alis leckerer Räubertopf

Das glückliche Ende von 1001 Nacht 123

Scheherazade besucht die Kinder zu Hause · Abschlussfest: Die lange Nacht im Orient · *Auf dem Basar* · Kindergeburtstag: Auf dem Fliegenden Teppich ins Morgenland · *Geburtstagslied – Aid milad said* · Spielkette: Mit Scheherazade auf dem Fliegenden Teppich

Anhang 132

Register · Literaturhinweise · Die Autorin, die Illustratorin

Sicherheitshinweis

Bitte achten Sie darauf, dass im Umgang mit scharfen und spitzen Gegenständen stets eine Aufsichtsperson Sicherheit gewährleistet und die Kinder auf die Gefahren hinweist.

Vorwort

Shalom und Marhaba ...

Halte einen Moment inne!
Es ist dein Moment! Er gehört dir ganz alleine!
Die Welt hört für wenige Sekunden auf, sich zu drehen, und steht still!
Lass dich von der brennend heißen Sonne wärmen, vom Duft der Blüten betören, von fremden Worten leiten, vom außergewöhnlichen Geschmack verführen, von den märchenhaft satten Farben verzaubern!
Du bist angekommen – in 1001 Nacht!

Michaela Fichtner

Tausendundeine Nacht – allein der Name entführt uns in eine fantastische Welt der Mystik. Vor dem geistigen Auge entsteht ein farbenprächtiges Ambiente, umhüllt von sinnlichen Düften, geschmackvollen Gaumenfreuden, eine Erweiterung des oft so alltagslastigen Horizonts. Wer einmal dort im Morgenland war, wer einmal die Welt der Scheherazade in sich aufnahm, ob real oder gedanklich, spürt ganz gewiss diese Explosion der Sinne!

Tausendundeine Nacht – dieser auf der ganzen Welt bekannte, sinnliche Titel ist eine Sammlung von Geschichten aus dem Morgenland. Viele Erzählungen entstanden in gemeinsamen Stunden beim Verweilen in den Palästen der Reichen, auf den Gassen bei einer Tasse Tee, in bunten Häusern und Hütten, unter den Sternen der Wüste, in den Zelten der Nomaden weit weg von der Zivilisation. Sie wurden von Generation zu Generation übertragen, mal manches dazu gedichtet, mal etwas weggelassen.

Eine große Rahmengeschichte umfasst viele kleine, oftmals zusammenhängende Geschichten. Alle fragen nach einem tieferen Sinn. Für Kinder stellen sie eine Reise in eine Fantasiewelt her, in der der Traum vom „alles können" noch geträumt werden darf.

Alle Geschichten finden ihren Ursprung im großen Palast des Königs Schahrirar! Dort erzählt die kluge und talentierte Märchenerzählerin Scheherazade dem König Schahrirar Nacht für Nacht ihre Geschichten. Sie tut dies nicht freiwillig! Denn gelingt es der Prinzessin nicht, den König mit ihren Worten in ihren Bann zu ziehen, wird sie bei aufgehender Sonne in die Fremde verbannt. So will es Schahrirar! Und so hat er es schon mit vielen ihrer Vorgängerinnen getan! Also redet sie sich Nacht für Nacht um ihr Leben!

In ihren Geschichten erzählt Scheherazade von königlichen Schätzen, gefangenen Geistern, mutigen Männern, fantastischen Lebewesen mit außergewöhnlichen Kräften, von hinterlistigen Wesiren, den höchsten Würdenträgern des Sultans, wunderschönen Prinzessinnen, bösen Zauberern, sprechenden Tieren und vielem mehr. Mit diesen übersinnlichen Lebewesen entführt sie den König Schahrirar und somit jeden Zuhörer in das Reich der Märchen, in dem es keine Grenzen gibt. Und sie lehrt, dass es in der Fantasie keine Hürden gibt – die man nicht überfliegen könnte! In diesem „Abenteuerland" ist alles möglich.

Alle Geschichten, die in die orientalische Welt entführen, werden in diesem Buch bewusst kindgerecht nacherzählt. Bekannte Helden wechseln sich mit weniger bekannten ab und bringen somit auch neue Abenteuer mit sich. Auf unnötige Gewalt wurde verzichtet und die Geschichten so ausgewählt, dass die Fantasie und der tiefere Sinn im Vordergrund stehen. Deshalb wird nicht davon erzählt, dass der König alle Prinzessinnen tötet, die er zu sich in den Palast geholt hat und die ihn mit ihren Geschichten enttäuschen. In unserem Buch schickt er sie in ein fernes Land. In der heutigen Zeit, in der Gewalt am Computer und Fernsehen so oft überhand nimmt, möchte dieses Buch eine Gegenwelt schaffen, in der unnötige Grausamkeiten fernab bleiben und die Fantasie im Vordergrund steht.

Mit diesem praxisorientierten Handbuch gelingt es ganz leicht, in die Welt der schönen Prinzessin einzutauchen und die Atmosphäre aus 1001 Nacht in die Einrichtung oder nach Hause zu holen. Der strukturierte Aufbau der Kapitel garantiert eine einfache Anwendung. Anhand der zahlreichen Ideen verwandeln sich Gruppenräume und Nischen in orientalische Paläste, werden nach und nach bekannte und weniger bekannte Märchen der Scheherazade erzählt. Darauf folgt jeweils eine abwechslungsreiche Alltagsgestaltung, die zur Geschichte passt. Natürlich darf ein Kennenlernen mit den bekannten Größen des Orients nicht fehlen. Dabei werden Namen und Begriffe aus 1001 Nacht kindgerecht erklärt.
Auf diese Weise entsteht ein Gesamtprojekt, das durch die Vielzahl an Möglichkeiten allerlei Gebiete des Alltags mit Kindern bereichert. Selbstverständlich können auch nur einzelne Geschichten, Ideen und Spiele umgesetzt werden, die zum multikulturellen Geschehen beitragen.

Wie alles begann …

Vor vielen Hunderten von Jahren lebte im weit entfernten Arabien in einem wunderschönen, prunkvollen Palast ein großer König, der Schahrirar hieß. Der König wurde von schwerem Unglück befallen, denn seine Frau verliebte sich in einen anderen Mann. Als er dies erfuhr, wurde er so wütend und böse, dass er sie aus seinem Königreich in die karge Wüste Arabiens verbannte, bei glühender Hitze und ohne Wasser! Mit dieser Enttäuschung wurde seine Wut gegenüber Frauen immer größer. Er beschloss, sich jeden Tag aufs Neue eine schöne Prinzessin aus seinem Reich zu holen, mit ihr die Nacht zu verbringen und sie dann, sobald der Morgen graute, in die Wüste zu schicken. Dies geschah viele Jahre lang.

Bis eines Tages der Wesir des Königs eine besonders hübsche Prinzessin mit dem Namen Scheherazade zu Schahrirar brachte. Wie all die anderen Frauen beachtete er sie nicht weiter. Doch Scheherazade war nicht nur wunderschön, sondern auch außerordentlich klug und hatte das Talent, die Leute mit ihren Geschichten in ihren Bann zu ziehen. Sie wusste die allerschönsten Märchen zu erzählen und verzauberte die Menschen mit ihrem Geschick. So wollte sie auch den König Schahrirar für sich gewinnen!

Ob es ihr gelang, fragt ihr mich? Oder wurde auch sie in die karge Wüste verbannt?

Das ist das erste Geheimnis aus 1001 Nacht!

Lasst uns gemeinsam der ersten Geschichte der schönen Scheherazade lauschen, vielleicht führt sie uns ja zu einer Antwort!

Das wunderschöne Lied „Der traurige Sultan" (→ S. 21) erzählt mit orientalischen Klängen ebenso die Geschichte.

Hinweis

Nach allen Märchen, die die schöne Prinzessin dem König erzählt, findet man sich immer wieder im königlichen Palast wieder. Dort lauscht man gespannt, ob Scheherazade es schafft, Schahrirar mit ihren Geschichten zu verzaubern und eine weitere erzählen darf.

Gelingt es ihr am Ende wirklich, das Herz des Königs zu erobern?

Diese Überleitungen können entweder gleich im Anschluss an das Märchen erzählt werden oder aber erst nach allen Aktivitäten rund um das jeweilige Thema, sozusagen als runder Abschluss.

Die Geschichten von Scheherazade sind malerisch und mit viel Liebe beschrieben. Je nach Alter kann daher während des Märchens eine Erzählpause gemacht werden. Diese Stellen sind jeweils gekennzeichnet und erlauben es, an einem späteren Zeitpunkt voller Spannung dem weiteren Geschichtenverlauf zu folgen.

Ideen zur visuellen Gestaltung von 1001 Nacht

Was wäre eine Reise in die orientalische Märchenwelt, ohne die Sinne zu betören?
Die Augen lassen sich von bunten Farben verzaubern.
Die Nase riecht anregende Düfte aus dem faszinierenden Morgenland.
Die Zunge wagt sich auf eine abenteuerliche Geschmacksreise.
Der Körper spürt die fremde Kultur des Orients.
Die Ohren werden mit harmonischen Klängen zum Träumen verleitet.

Eine märchenhafte Einrichtung für verzauberte Stunden

Um in die Welt von 1001 Nacht zu gelangen, bedarf es nicht viel. Das wichtigste Gut für diese Reise ist die Fantasie. Unsere Gedanken leben von dieser kreativen Vorstellungskraft.
Doch wer möchte, ist herzlich eingeladen, mit Hilfe der folgenden Aktivitäten die Fantasie zu unterstützen und einen Raum zum Träumen zu schaffen. Natürlich müssen nicht alle diese Ideen umgesetzt werden, auch nur einzelne Elemente sprechen für sich. Am besten beginnen Sie die Reise mit der Geschichte „Wie alles begann …“ (➜ S. 7) und verzaubern dann, wenn sie möchten, nach und nach ihre Gedanken, Sinne und Räume.

Stoffe färben

Für die orientalische Raumgestaltung

Alter: ab 3 Jahren
Material: Schutzkleidung, weiße Leintücher, Batikfarben in Rot, Orange, Gelb, Hellgrün, Wanne, Paketschnur, Einweghandschuhe; evtl. weiße Kissenbezüge, Duft-Öl; bunte Leintücher, Textilfarbe, Pinsel, Strukturwalze mit orientalischem Muster; weiße Raufasertapete

✧ Die Leintücher auf unterschiedliche Art und Weise mit Paketschnur zusammenknoten:
Streifen: Das Leintuch quer oder längs wie eine Ziehharmonika falten und in den gewünschten Abständen mit der Schnur abbinden.
Knubbel: Das Leintuch beliebig zusammenknuddeln und fest mit der Paketschnur verbinden.

Kreise: Das Leintuch in der Mitte hochziehen und den herunterhängenden Stoff mehrere Male in Abständen abbinden.

- ✧ Zum Färben Einweghandschuhe anziehen.
- ✧ Nach Packungsangabe des Herstellers die Leintücher in die Wanne mit Batikfarbe geben.
- ✧ Nach dem Färben den Stoff unter warmem Wasser auswaschen und zum Trocknen aufhängen.

Variante Kissen
Leere Kissenhüllen werden verknotet und mit Batikfarbe gefärbt. Nach dem Trocknen etwas Duft-Öl an die Kissenecken geben – für eine sinnliche Verführung.

Variante Strukturstoffe
Die Strukturwalze mit Textilfarbe einpinseln und über die Leintücher rollen.

Variante Bordüren
Auch Streifen von Tapeten erhalten mit der Strukturrolle ein Muster. Nach dem Trocknen verwandeln sie kahle Wände zu orientalischen Hinguckern.

Tipp
Auf diese Weise kann auch der „Fliegende Teppich" (➜ S. 85) gestaltet werden.

Das Märchenzelt

Ein Palast für schöne Stunden im Morgenland

Alter: ab 5 Jahren
Material: 1 Ampelschirm (oder Sonnenschirm), mit Batik gefärbte Leintücher (➜ S. 8), transparente, farbige Stoffe, Sicherheitsnadeln, 1–1,20 m hohe Regale, Schränke oder Kästen, Tücher, CD-Player, orientalische Musik, Duftlampen, Laternen, Lichterketten, LED-Farbwechsel-Teelichter, Perlen, Glitzersteinchen, Kissen, Matratzen; evtl. schwarze Leinenstoffe

In einer ruhigen, kuscheligen Ecke der Einrichtung findet der geöffnete Ampelschirm einen Platz.

- ✧ An den Seitenrändern des Schirms mit Sicherheitsnadeln Stoffbahnen, die bis zum Boden reichen, anstecken.
- ✧ Die Stoffe dürfen sich gerne überlappen, dies gibt vor allen bei Seide eine schöne, farbenfrohe Atmosphäre.

- Für eine Zeltform die Regale, Schränke oder Kästen so unter den Schirm im Quadrat stellen, dass die Stoffbahnen zeltförmig überhängen.
- Gegebenenfalls die Stoffe befestigen.
- In den Regalen allerlei Dekorationsmaterialien auslegen.
- Vor dem Zelteingang einladend Lampen, Lichterketten, usw. dekorieren.
- Perlen und Glitzersteinchen schaffen eine orientalische Stimmung.

Tipp
Eine schöne, kuschelig weiche Stimmung entsteht, wenn im Zelt Matratzen und Kissen mehrlagig ausgelegt werden.

Variante Zelt der Beduinen
Ein Wüstenpalast wird aus schwarzen, schweren Leinenstoffen hergestellt. Die Einrichtung, z. B. Kissen, Matratzenbezüge usw. dann bitte in dunklen Farben halten.

Palast im kleinen Raum

In vielen Kitas gibt es kleine Rückzugsräume, die sich optimal in orientalische Paläste verwandeln lassen.

Alter: ab 5 Jahren
Material: mit Batik gefärbte Leintücher (➜ S. 8), Seidenstoffbahnen, Sicherheitsnadeln, Kissen, Matratzen, Tücher, CD-Player, orientalische Musik, Duftlampen, Laternen, Lichterketten, LED-Farbwechsel-Teelichter, Perlen, Glitzersteinchen, usw.

Um eine kleine Rückzugsnische in einen orientalischen Palast zu verwandeln, werden eingefärbte Stoffbahnen, Seidenstoffe und Strukturtapeten an der Deckenkante und am Boden befestigt. Auf diese Weise werden die Wände à la Morgenland „tapeziert" und mit allerlei Perlen und Glitzersteinchen dekoriert.
Matratzen und Kissen auslegen und mit Dekorationsmaterialien orientalisches Flair schaffen. Ein Türvorhang lädt herzlich in den Palast ein.

Minizelt zum Mitnehmen

Das Mini-Zelt lässt sich überall aufspannen und leicht mitnehmen, ist schnell hergestellt und benötigt nicht viel Platz. Vor allem jüngere Kinder lieben diese Rückzugsmöglichkeit.

Alter: ab 3 Jahren
Material: 1 Regenschirm, mit Batik gefärbte Stoffe (➜ S. 8), transparente Stoffe, Sicherheitsnadeln, Kissen; evtl. dunkle Leinenstoffe, dunkle Kissen und Matratzenbezüge

Für die schnelle Zeltvariante einen Regenschirm aufspannen und an den Rändern ein Meter lange Stoffbahnen mit Sicherheitsnadeln anstecken.
Die Kinder setzen sich auf ein Kissen und entspannen unter dem Minizelt.

Variante
Für ein Minibeduinenzelt dunkle Stoffstreifen schneiden und mit Sicherheitsnadeln an dem Schirm befestigen.

Türvorhang ins Morgenland

Alter: ab 4 Jahren
Material: transparente, farbige Stoffe (ca. 2 m lang) in Orange, Rot, Gelb, Hellgrün, Schere, Stock (so lang wie die Tür breit ist), Paketschnur, Glitzersteine, Glöckchen, Faden und Nadel, Klebstoff; evtl. Vorhangspitzen

- Mit der Schere lange Stoffstreifen in Türrahmenhöhe und zwei Zentimeter Breite schneiden.
- Mit einem halben Zentimeter Abstand am Stock verknoten und oberhalb des Türrahmens mit Paketschnur befestigen.
- Alle verknoteten Stoffstreifen auf dieselbe Länge schneiden.
- Mit Nadel und Faden Glöckchen annähen und Glitzersteine ankleben.

Variante

Wer keine transparenten Stoffe zur Hand hat, kann Vorhangspitzen verwenden und diese am Stock anbringen.

Tipp

Der Türvorhang kann auch als Tür- oder Fensterschmuck verwendet werden.

Orientalische Windlichter

Alter: ab 5 Jahren
Material: Blechdosen, Holzleisten (ca. 20–30 cm lang), Schraubstock, Nägel, Hammer, LED-Teelichter; evtl. Küchensieb aus Metall

- Leere Blechdosen gut säubern, von Papier und spitzen Kanten befreien.
- Die Holzleisten in die Dose stecken, so dass die Außenwände stabil sind.
- Die Dose in einen Schraubstock fest einspannen und mit Nagel und Hammer ein Muster hineinklopfen.
- Wenn das Design abgeschlossen ist, die Dose vom Schraubstock befreien, Holzleisten entfernen und ein LED-Teelicht hineinstellen.

Tipp

Nägel mit unterschiedlicher Stärke erweitern die Gestaltungsmöglichkeiten.

Variante Deckenleuchte

Als Deckenlampe eignen sich rustikale Küchensiebe aus Metall. Diese werden über die eigentlichen Lampen bzw. Glühbirnen gestülpt und werfen ein schönes Muster an die Wände.

Lichterkette aus 1001 Nacht

Alter: ab 3 Jahren
Material: Zeitungspapier, Luftballons, Schutzkleidung, Kleister, Alufolie, spitzer Farbstift, Glasperlen, mehrere 10er-Lichterketten

✧ Das Zeitungspapier in kleine Schnipsel reißen.
✧ Luftballons aufblasen und verknoten.
✧ Schutzkleidung anziehen.
✧ Mit Kleister die Zeitungsschnipsel in mehreren Lagen auf den Luftballon kleben, dabei die Blasöffnung frei lassen.
✧ Luftballon zum Trocknen legen.
✧ Luftballon entfernen und Pappmachee mit Alufolie überziehen.
✧ Mit dem spitzen Farbstift kleine Löcher und Muster stechen.
✧ Einige Öffnungen mit Glasperlen umkleben.
✧ Den Ballon mit einer 10er-Lichterkette füllen.
✧ Mehrere Ballonlampen zu einer großen Lichterkette zusammenhängen.

Fenster mit Blick ins Morgenland

Alter: ab 3 Jahren
Material: buntes Tonpapier, Schere, Kleister, Klebeband, Pinsel, Glitzerstaub, leere Blisterpackungen von Tabletten oder Kaugummis, wasserfeste Farbe, Acrylfarbe

- Aus buntem Tonpapier die Silhouette einer Stadt im Morgenland in Fensterbreite aufzeichnen. Zwiebeltürme, Mauern usw. kennzeichnen das typische Bild. Fenster und Türen zum Aufklappen nicht vergessen.
- Die Silhouette ausschneiden und mit Kleister am unteren Drittel des Fensters befestigen.
- Glitzerstaub lässt die Stadt funkeln.
- Leere Blisterpackungen von Kaugummi oder Tabletten zieren die Fenster der Häuser. Sie bekommen im durchsichtigen Kunststofffolienformteil innen bunte Farbtupfer und werden mit etwas leicht löslichem Klebeband an den Fenstern der Stadt angebracht.
- Mit Acrylfarbe Tiere und Menschen hinter die Türen zeichnen. Öffnet man die Türen, erscheinen die Gestalten.

Das Handwerk des Schlangenbeschwörers

Alter: ab 3 Jahren
Material: 1 Korb (ca. 50 cm hoch), grüner Stoffstreifen (100 × 20 cm lang), Stoffreste, Schere, Nadel, Nähfaden, Nähmaschine, Watte, Kochlöffel, Klebstoff, 2 Wackelaugen, Nylonschnur (100 cm lang), dünne Pappröhre (ca. 25 cm lang), Alufolie, wasserfeste Stifte, kleine Perlen und Glitzersteine

- Stoff auf links der Länge nach zusammenfalten.
- Die lange und eine kurze Seite des Stoffes mit der Nähmaschine zusammennähen.
- Schlange umdrehen, so dass sich die Naht innerhalb befindet.
- Mit Hilfe des Kochlöffels Watte in die Stoffschlange stopfen.
- Mit Nadel und Faden die Öffnung zunähen. Dieses ist das Schlangenende.
- Kleine Stoffstreifen schneiden und als Muster auf die Schlange kleben.
- Wackelaugen ankleben.
- Aus einem roten Stoffrest eine Zunge ausschneiden und annähen.
- Am Kopf der Schlange ein Ende der Nylonschnur mit einer Nadel anbringen.
- Die Pappröhre mit Alufolie umwickeln.
- Wasserfeste Stifte kennzeichnen Mundstück und Tastatur einer Flöte.
- Perlen und Glitzersteinchen ankleben.
- Das andere Ende der Nylonschnur an das Flötenende knoten.

Die Schlange befindet sich im Korb. Der Schlangenbeschwörer sitzt hinter dem Korb und „bläst“ auf der Flöte. Dabei hält er das Flötenende nach unten. Im Laufe seiner Vorstellung richtet er das Ende immer weiter nach oben, so dass die Schlange langsam an der unsichtbaren Nylonschnur aus ihrem Korb herauskriecht. Möchte der Schlangenbeschwörer die Schlange wieder verschwinden lassen, hält er die Flöte wieder nach unten.

Tipp
Bitten Sie Eltern oder Großeltern als Nähprofi an der Maschine um Hilfe.

Zauberhafte Kleidung für orientalisches Flair

Um sich selbst als Prinzessin oder Prinz des Morgenlandes zu fühlen, braucht es nicht viel! Mit wenigen Mitteln und ein bisschen Geschick lassen sich wunderschöne Kleider herstellen. Bestimmt freuen sich handwerklich geschickte Hände von Eltern oder Großeltern, ihr Können mit in das Projekt zu integrieren!

Alle Kleidungsstücke werden mehrfach hergestellt und in eine orientalisch gestaltete Schatztruhe gegeben, die den Märchenpalast ziert. Die Kinder können sich nach Belieben verkleiden und jederzeit in die Rollen der Menschen aus dem Morgenland schlüpfen.

Der Schleier der Prinzessin

Alter: ab 3 Jahren
Material: Wellpappe, Schere, Obst- bzw. Gemüsenetz, Tacker, Perlen, Klebstoff

- Wellpappe in 2 cm breite Streifen schneiden.
- Den Wellpappestreifen auf den Kopfumfang des Kindes zuschneiden und mit Hilfe der Spielleitung zusammentackern.
- Das Netz vorne an die Wellpappe tackern, so dass eine Art Vorhang entsteht.
- Perlen ankleben, das peppt den Schleier auf.

Der Turban des Königs

Alter: ab 3 Jahren
Material: farbiger Leinenstoff (etwa Duschtuchgröße), Schere, Nadel und Faden, bunte Perlen, Klebstoff

- Kopf nach unten beugen und den Stoff so auf den Kopf legen, dass zwei gleich lange Teile herunter hängen.
- Die Stoffteile fest miteinander verdrehen.
- Den Kopf heben und den Strang nach hinten stülpen, dann das Ende im Nacken unter dem Stoff verstecken.
- Den Turban vorsichtig vom Kopf nehmen, dabei muss vor allem eine Hand den Stoff im Nacken greifen.
- Die Spielleitung fixiert den Turban mit Nadel und Faden.
- Der „König“ selbst klebt Perlen zur Verschönerung an.

Pumphosen

Alter: ab 3 Jahren
Material: 1 große Jogginghose (eines Erwachsenen), Schere, Nadel, Faden, Hosengummi, Perlen, Pailletten, Klebstoff; evtl. Vorhangspitze, große Tücher

- Die Spielleitung (oder eine Mutter) näht an den Bündchen am Bauch und an den Beinen der Jogginghose einen Hosengummi an, so dass sie den Kindern passt.
- Durch die zu große Form entsteht die typische Form einer Hose des Morgenlandes.
- Die Kinder stylen ihre Hose mit allerlei Perlen und Pailletten.

Varianten für Mädchen

- Die Spielleitung näht Vorhangspitzen an die Bündchen.
- Die Tücher werden mit Perlen und Pailletten beklebt und um die Hüften geschwungen.

Weitere Bekleidung

- Zu den Pumphosen tragen die Jungen große bunte Blusen und Hemden von Erwachsenen.
- Mädchen wählen eng geschnittene T-Shirts, die mit Perlen, Pailletten und Spitzen aufgepeppt werden.

Eine Scheherazade-Puppe als Begleitfigur

Die Scheherazade-Puppe begleitet die Kinder während des gesamten Projektes. Die Spielleitung leiht der Prinzessin ihre Stimme, so dass sie stets bei Märchen und Aktivitäten mit dabei sein kann.
Wenn die Kinder mit dieser Puppe vertraut sind, darf die Scheherazade auch die Kleinen zu Hause besuchen (➜ S. 124).

Alter: ab 4 Jahren
Material: 1 Puppe mit langen Haaren, Puppenhose, Puppenbluse, Stoffreste, Wellpappe, Obst- oder Gemüsenetz, Glöckchen, Schere, Klebstoff, Tacker, Nadel und Faden, Perlen, Pailletten, Kopie eines 1001-Nacht-Märchens, Glitzersteine

- Die Puppe mit Hilfe der Spielleitung zu einer Prinzessin aus dem Morgenland – der Scheherazade – verkleiden. Dazu die Kinder-Kleider (➜ S. 16) in Puppengröße herstellen.
- Obstnetze verwandeln sich in Schleier und Hüfttuch.
- Glöckchen in Wolle einflechten und zu Arm- und Fußkettchen verknoten.
- Aus Stoffresten eine Tasche nähen (ca. 10 × 10 cm), die sich Scheherazade umhängt. Darin versteckt sich zusammengefaltet eine Kopie eines 1001-Nacht-Märchens und ein Glitzerstein.
- Perlen und Pailletten ankleben, das sorgt für orientalisches Flair.

Eintauchen in 1001 Nacht

Die Traumreise ins Morgenland

Alter: ab 3 Jahren
Material: Märchenzelt oder -palast (➜ S. 9, 11), Lichterketten, LED-Teelichter, Duftlampen, CD-Player, „Räubertanz Masari“ (CD-Nr. 12), „Der traurige Sultan“ (CD-Nr. 1), Obstschale, Apfeltee, Gläser, Scheherazade-Puppe (➜ S. 18), großes bunt bemaltes Leintuch (➜ S. 8)

Vorbereitung
Die Spielleitung sorgt für orientalische Stimmung im Palast. Sie dämpft das Licht und lässt Lichterketten, LED-Teelichter usw. bunt erstrahlen. Duftlampen verstreuen ihren angenehmen Duft, leise, orientalische Klänge erklingen, eine Obstschale und Apfeltee in Gläschen stehen bereit und die Begleitpuppe – Prinzessin Scheherazade – hat es sich bereits auf den Kissen am Boden gemütlich gemacht.

Die Spielleitung lädt die Kinder vor dem Palast geheimnisvoll ein, mit ihr in eine zauberhafte Welt einzutauchen. Um dorthin zu gelangen, müssen die Kinder eine lange Reise machen. Und was wäre abenteuerlicher, als diese auf einem Fliegenden Teppich zu erleben? Deshalb breitet die Spielleitung das Leintuch als Fliegenden Teppich in der Mitte aus und fordert die Kinder auf, in das „Orienttaxi“ zu steigen. Dann begeben sich alle auf die Reise:
„Los geht unsere spannende Reise in das Morgenland. Wir machen uns auf dem Teppich startklar! *(im Schneidersitz mit den Händen auf den Knien)*
Lasst uns einen geheimnisvollen Zauberspruch sprechen, damit unser Teppich abhebt: Simsalabimsambasaladusaladim! *(Knie leicht auf- und abwippen)*
Oh, der Teppich bewegt sich! Doch wir sind zu schwer! Sprechen wir noch einmal unseren Zauberspruch: Simsalabimsambasaladusaladim! *(Knie wippen schneller, Oberkörper bewegen sich im „Fahrtwind“ hin und her)*
Es klappt, wir steigen höher! Seht mal, da vorne ist das Meer. *(Hand an die Stirn)*
Das Meer hat so große Wellen! *(Wellenbewegungen machen)*
Schaut, ein Fisch! *(mit den Händen eine Schwanzflosse nachahmen)*
Eine Seeschlange! *(mit einer Hand Schlangenbewegungen formen)*
Ich sehe schon das Gebirge mit hohen Bergen. Vorsicht, wir müssen die Bergwipfel umfliegen! *(Oberkörper hin- und herbewegen)*
Seht nur, da ist die Wüste! Oh, ist mir heiß! *(Schweiß auf der Stirn abtupfen)*
Lasst uns in der Oase eine Pause machen und etwas trinken! *(beim Landeanflug im Schneidersitz nach hinten beugen, pantomimisch trinken)*
Holt eure Sonnencreme heraus und cremt euch ordentlich ein, damit ihr keinen Sonnenbrand bekommt! *(eincremen)*
Weiter geht's! Wir sprechen unseren Zauberspruch, damit der Teppich abhebt! Simsalabimsambasaladusaladim! Und noch einmal! Simsalabimsambasaladusaladim!
Wir fliegen wieder. *(Knie wippen schnell, Oberkörper bewegen sich im „Fahrtwind“ hin und her)*
Doch Achtung! Bückt euch und haltet eure Augen zu! Ein Sandsturm! *(Oberkörper nach vorne beugen und Augen zuhalten)*
Da vorne sehe ich einen Palast! Schaut nur, die Prinzessin winkt uns zu sich! *(winken)*
Lasst uns schnell landen!“ *(beim Landeanflug Oberkörper nach hinten beugen)*

Eintritt in den Märchenpalast

Alter: ab 3 Jahren
Material: Märchenzelt oder -palast (➔ S. 9, 11), CD-Player, „Der traurige Sultan" (CD-Nr. 2), Scheherazade-Puppe (➔ S. 18)

Die Spielleitung öffnet den Eingang zum Palast und bittet die Kinder, es sich auf den Kissen bequem zu machen. Nachdem die Kinder die orientalische Stimmung aufgefangen haben, nimmt die Spielleitung die Scheherazade-Puppe in die Hand und stellt diese vor, indem sie ihr ihre Stimme verleiht: „Hallo, liebe Kinder! Mein Name ist Scheherazade und ich bin eine Prinzessin aus dem Morgenland. Ich lebe hier zusammen mit meinem lieben Mann Schahrirar in diesem wunderschönen Palast. Doch das war nicht immer so!
Lauscht mit mir zusammen der Geschichte, die euch erzählt, wie alles begann!" (➔ S. 7)

Variante Geschichte
Die Spielleitung setzt die Puppe zwischen die Kinder und erzählt mit eigenen Worten, wie alles begann.

Variante Lied
Die Spielleitung setzt die Puppe zwischen die Kinder und alle hören gemeinsam das Lied „Der traurige Sultan" (CD Nr. 1) an.

Der traurige Sultan

Nr. 1

Musik: Thorsten Wadowski & Qusai Zureikat | Text: Thorsten Wadowski

1. Es war einmal ein Sultan, der sehr, sehr traurig war.
Der weinte stets den ganzen Tag so dicke Tränen gar,
eine ganze Badewanne voll bis hoch zum Rand,
und es gab kein einz'ges trocknes Taschentuch im Land.

2. Man holte alle Spaßmacher und Clowns in den Palast,
die machten ihre Witze und Grimassen ohne Rast.
Und alle Wachen lachten und mussten darauf achten,
dass sie vor lauter Lachen nicht in ihre Rüstung machten.

1. Zwischenspiel
Doch der Sultan, der wurd' zornig und brüllte immerzu:
„Raus mit euch, ich will euch nicht mehr seh'n, lasst mich in Ruh!"
Und jedes schöne Mädchen, das man zu ihm gebracht,
schickte er in die Wüste schon nach einer Nacht.

3. Da kam ein junges Mädchen in einer kalten Nacht,
das sprach: „Mein Sultan, ich hab' dir Geschichten mitgebracht,
die will ich an deinem Bett erzählen jede Nacht,
so lange bis dein Sultansmund endlich wieder lacht."

4. Und jede Nacht erzählte sie Geschichten ohne Zahl,
zwei Jahre und acht Monate und 26 Mal.
Und dann genau nach 1000 und noch einer Nacht,
da ist es passiert: Der Sultan hat gelacht!

2. Zwischenspiel
Er lachte laut und selig und hielt sich den Sultansbauch
und mit Freudentränen lachten alle andren auch.

5. Und dieses Märchen, das erzählen sich heute noch die Leute,
und selbst den Tränensee vom Sultan gibt's noch heute.
Der ist so salzig und kein Fischlein schwimmt dort hin und her.
Und darum heißt der See das Tote Meer.

6. Und es gibt auch noch – und davon woll'n wir euch berichten –
die ganzen schönen Märchen und Geschichten,
die sich das schöne Mädchen damals ausgedacht,
als es beim Sultan saß 1000 und eine Nacht,
als es beim Sultan saß 1000 und eine Nacht.

Sindbads Abenteuer

Einst lebte in Bagdad der Sohn eines reichen Kaufmannes mit dem Namen Sindbad. Als sein Vater starb, hinterließ er ihm sehr viel Geld. Sindbad kaufte sich schöne Häuser, feine Kleidung, gab große Feste und war sehr großzügig mit seinem Vermögen. Bis er eines Tages zu seiner Truhe ging, in der all sein Geld versteckt war, und feststellte, dass fast nichts mehr davon übrig war.

Er erschrak und schämte sich, das hart verdiente Geld seines Vaters so maßlos ausgegeben zu haben. „Allah, vergib mir! Ich werde es wieder gutmachen! Ich werde hart arbeiten!“, betete er. Und Sindbad beschloss, ein guter Kaufmann wie sein Vater zu werden. Von den letzten Münzen, die er noch in seiner Truhe hatte, kaufte er ganze Säcke voller Gewürze. Nelken, Muskat, Ingwer, Kurkuma, Zimt und noch viel mehr wollte er in der Ferne verkaufen.

Mit einem großen Handelsschiff stach er in See. Wochenlang segelten die Seeleute auf dem tosenden Meer umher, viele Stürme gab es zu überwinden und in vielen Häfen boten sie ihre Säcke zum Verkauf an oder feilschten selbst um Ware. Eines Tages lag vor ihnen weit draußen auf hoher See eine seltsame Insel. Dort wuchs zwar nicht viel, aber das machte den Seeleuten nichts aus. Sie wollten nach tagelangem Umhersegeln wieder einmal festen Boden unter den Füßen spüren. So warfen sie den Anker aus, gingen an Land und machten ein Lagerfeuer.

Doch plötzlich bebte die Erde. Der Boden unter ihren Füßen wurde weggezogen und die Insel bog sich zu einem Berg empor. Sindbad und die anderen Seeleute riefen um Hilfe und rannten rasch zu ihrem Schiff. Sindbad aber stolperte, fiel zu Boden und glitt ins Meer. Gerade noch rechtzeitig konnte er sich an einem Holzfass, das durch die Wellen vom Schiff gestürzt war, festhalten. Er wollte zum Schiff schwimmen, doch die Seeleute segelten voller Angst auf und davon, ohne auf Sindbad Rücksicht zu nehmen.

Als er zurück zur Insel blickte, sah er voller Erstaunen, dass sie gar keine Insel, sondern ein riesengroßer Wal gewesen war, der schon lange Zeit an der Meeresoberfläche getrieben war. Das Getrampel der Seeleute hatte ihn geweckt.

Voller Angst bat Sindbad um Hilfe: „Allah, steh mir bei! Bring mich wohlbehalten an Land!“

Die ganze Nacht über schwamm Sindbad auf seinem Fass unter den Sternen. Erst am nächsten Morgen wurde er an den Strand einer Insel gespült. Freudig rief er: „Allah, du hast mich gerettet! Ich danke dir!“

(geeignete Stelle für eine Erzählpause)

Schnell machte Sindbad sich auf die Suche nach etwas, das seinen großen Durst stillen konnte. Die Kokosnuss einer Palme würde ihm wieder neue Kraft geben. Gierig öffnete er sie mit einem Stein und trank sie leer. Dabei gab er für wenige Sekunden nicht Acht, stolperte über einen mächtigen Stein und fiel zu Boden. Als Sindbad den Kopf hob, sah er, dass das Hindernis gar kein Stein, sondern ein riesiges Ei war!
Er flüsterte beeindruckt: „Welch großem Vogel mag dieses Ei wohl gehören?“, als der Himmel sich verfinsterte. Sindbad blickte erschrocken nach oben und vernahm eine Windböe und ein lautes Geräusch von Flügelschlägen! Schnell rannte er zum Schutz in ein Gebüsch. „Das muss Rok, der große Vogel sein, von dem die Menschen all die spannenden Geschichten erzählen!“, murmelte er ängstlich.
Und wirklich! Ein mächtiger Vogel landete schwungvoll mit dem Gefieder auf dem Ei. Er stellte die Füße daneben und schlief nach kurzer Zeit ein.
Da hatte der mutige Seefahrer eine Idee. Er wickelte seinen Turban vom Kopf und band sich damit selbst vorsichtig um einen Fuß des großen Vogels Rok. Er dachte: „Wenn Rok erwacht, fliegt er sicher, um Nahrung zu finden, zum Festland. Dann wird er mich mit sich forttragen. So bin ich gerettet!“
Und genauso war es! Im Morgengrauen erhob sich der Vogel mit Sindbad in die Lüfte und flog einige Stunden über das weite Meer. Sindbad konnte schon Menschen erkennen, da landete Rok zwischen großen Felsbrocken. Schnell band sich der Seefahrer vom Vogelbein los und versteckte sich. Der Vogel krallte sich ein Stück Fleisch, das auf dem Boden lag, und flog damit weiter. Dann erst traute sich Sindbad langsam aus seinem Versteck und schaute sich um. „Oh nein“, rief er, „ich bin in einer Schlucht gelandet. Hier gibt es kein Entkommen! Allah, sei gnädig mit mir!“, flehte er.
Doch plötzlich entdeckte Sindbad, dass der Boden von Glitzersteinen und Diamanten übersät war. Glücklich machte er sich über die Schätze her und füllte seine Taschen damit. Das musste wohl das Tal der Diamanten sein, von dem er schon so viel gehört hatte.

In diesem Moment nahm er wieder die Flügelschläge von Rok wahr und einen dumpfen Schlag neben sich. Erschrocken sah er ein Stück Fleisch neben sich landen, an dem sogleich die Edelsteine am Boden kleben blieben.
Rok schnappte sich das Fleisch mit seinen Krallen! Mutig umklammerte Sindbad schnell ein Bein des Vogels. Dieser erhob sich mit Sindbad und der Diamantenbeute in die Lüfte! Als sie über den Felsvorsprüngen segelten, ertönte auf einmal ein ohrenbetäubendes Geräusch!
Sindbad erblickte Menschen, die mit Töpfen einen Riesenlärm machten. Vor Schreck ließ Sindbad das Bein des Vogels und Rok sein glitzerndes Stück Fleisch los. Gemeinsam fielen sie zu Boden.
Erst jetzt verstand Sindbad: Die Menschen werfen Fleisch in die Tiefe, damit Rok das mit Diamanten bestückte Fleisch aus der Schlucht holt. Sie machen einen Riesenlärm, so dass Rok vor Schreck das Fleisch fallen lässt! Dann bekommen die Menschen die Schätze! Wirklich klug!
Die Menschen aber wunderten sich sehr, als sie den mutigen Sindbad entdeckten, und ließen sich seine Geschichte von der spannenden Reise erzählen. Wie beeindruckt waren sie von dem Mut eines so jungen Mannes! Die Nachricht verbreitete sich rasch im ganzen Land und Sindbad erlangte Ruhm und Ehre.
Er kehrte als reicher Mann mit Diamanten in den Taschen zu seiner Familie zurück und wurde ein erfolgreicher Kaufmann, wie es einst sein Vater war!

Die Nacht neigte sich dem Ende zu und der Tag kündigte sein Erwachen an, als Scheherazade schwieg.
Der König Schahrirar sprach beeindruckt: „Sindbad ist ein sehr mutiger und kluger Mann! Er hat all die Schätze in seinen Taschen verdient, denn er hat aus seinen Fehlern der Habgier und Verschwendung gelernt! Sein Vater wäre stolz auf ihn!" Und er bat Scheherazade: „Kannst du mir noch eine Geschichte über einen so ehrenhaften Mann erzählen, liebe Scheherazade?"
„Wenn du mich nicht in die Wüste verbannst, so werde ich dir die Geschichte vom Kleinen Muck erzählen. Sie nimmt dich mit auf die Reise in die Welt, in der kleine Menschen ganz groß werden können!", erwiderte Scheherazade geheimnisvoll.
„Sie wachsen zu Riesen?"
„Nein, mein König! Sie reifen innerlich und ihre Stärke und ihr Mut werden groß! Doch lass es mich dir erzählen!", bat Scheherazade.
„So soll es sein! Bleibe noch einen Tag bis zum Ende der nächsten Geschichte bei mir, dann werden wir sehen!", befahl der König.

Das Dromedar mit blondem Haar

Nr. 7

Musik: Thorsten Wadowski & Qusai Zureikat | Text: Thorsten Wadowski

Auf den Basaren der Städte des Morgenlandes kauft Sindbad Waren, um mit ihnen zu handeln. Dort gibt es allerlei zu erwerben! Gewürze, Schmuck, Stoffe und mehr. Auch mit Tieren wird ein reger Handel betrieben. Doch Achtung! Bei dem Kauf eines Dromedars gibt es einiges zu beachten!

Refrain
Komm, wir gehn auf den Basar
und kaufen uns ein Dromedar,
ein wundervolles Dromedar
mit schönem blonden Haar.

1. Ein Dromedar mit einem Höcker kriegst du hier bei mir,
oder mit zwei Höckern auch ein Trampeltier.
Doch hast du ein Kamel dir mit drei Höckern ausgewählt,
ja dann, mein Freund, dann hast du dich verzählt.

Komm wir gehn auf den Basar …

2. Ein Dromedar kann klimpern mit den langen Wimpern.
Es bringt dich im extremen Sandsturm bis nach Jemen.
Ist Kuwait für 'ne Kuh weit, ihm ist das nicht zu weit!
Es schaukelt dich galant durch den heißen Wüstensand.

Komm wir gehn auf den Basar …

3. Mit unserm neuen Dromedar brausen wir nach Haus
und fahren von der Wüstenautobahn kurz noch mal raus.
Rein in die Oase für ein Wasser hell und klar,
für mich ein Glas und 100 Eimer für mein Dromedar.

Komm wir gehn auf den Basar …

Pantomime
Das Lied eignet sich wunderbar, um es pantomimisch zu begleiten. Ein Kind übernimmt die Rolle des Verkäufers Sindbad, eines möchte ein Dromedar kaufen und ein weiteres Kind stellt im Schaukelritt das Dromedar dar.

Lärmmacher – Instrumente aus dem Morgenland

Sindbad und Rok wurden von den Menschen am Felsvorsprung mit mächtigem Lärm empfangen. Der große Vogel ist so überrascht, dass er vor Schreck das Fleisch mit den Glitzersteinen samt blindem Passagier fallen lässt.

✧ ***Riqqrassel***

Die Riqq ist ein arabisches Tamburin, also eine Rahmentrommel mit Schellenpaaren, die schon seit 2500 Jahren verwendet wird. Eine einfache Form davon ist die Kokosnussrassel mit Muscheln.

Alter: ab 5 Jahren
Material: 1 halbe kleine Kokosnuss, Muscheln, Handbohrer, dünne Paketschnur

- Einen Zentimeter unterhalb der Schnittkante der Kokosnuss mit dem Handbohrer rundherum kleine Löcher im Abstand von ungefähr zwei Zentimetern bohren.
- In jede Muschel ebenfalls ein Loch bohren.
- Mit einer Paketschnur die Muscheln mit der Kokosnuss locker verknoten, so dass etwas Spiel zum Rasseln bleibt.

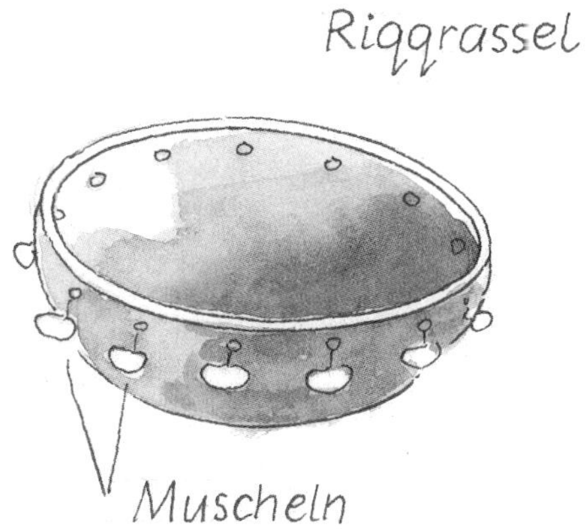

✧ Al Quad

Die Al Quad ist eine Laute aus der arabischen Welt. Unsere Al Quad ist abgewandelt. Die Laute wird in den Schoß gelegt, um den Hals des Instrumentes zu sparen.

Alter: ab 6 Jahren
Material: 1 halbe große Kokosnuss, Handbohrer, dünne Paketschnur, Knopf, Holzstückchen, Nylonschnur; evtl. kleine Feile

- In die Mitte der Kokosnuss ein Loch bohren.
- Etwas Paketschnur um das Holzstück knoten.
- Die Schnur durch das Loch fädeln, so dass sich das Holzstück innen befindet.
- Von außen einen Knopf auffädeln und eng an der Außenschale verknoten.
- Nun die Saiten spannen.
- Die Nylonschnur am Knopf verknoten und einmal über die Kokosnussöffnung bis wieder zum Knopf spannen.
- Den Knopf umwickeln und die Nylonschnur abermals über die Öffnung spannen.
- Dies wird insgesamt dreimal wiederholt, so dass sich am Ende drei Saiten nebeneinander fest gespannt befinden.

Tipp
Mit einer kleinen Feile Kerben am Rand der Kokosnuss machen, damit die Saiten nicht verrutschen.

✧ Darbouka

Was wäre 1001 Nacht ohne eine Rahmentrommel? Diese hier ist schon für die Allerkleinsten ein bunter Krachmacher.

Alter: ab 3 Jahren
Material: 1 halbe große Kokosnuss, 1 Luftballon, 1 Einmachgummi, Schere

- Das Mundstück des Luftballons mit der Schere abschneiden.
- Den Rest über die Öffnung der Kokosnuss spannen und mit einem Einmachgummi gut gespannt fixieren.

✧ **Gestaltung der Instrumente**

Alter: ab 3 Jahren
Material: Strohhalm, 1 kleine Kugel aus Knete, Acrylfarbe

Für den orientalischen „Look“ wird die kleine Knetkugel (ca. 1 cm Durchmesser) auf ein Ende des Strohhalmes gedrückt. Damit lassen sich mit bunter Acrylfarbe wunderbare Mosaikmuster auf die Kokosnussschale tupfen. Trocknen lassen!

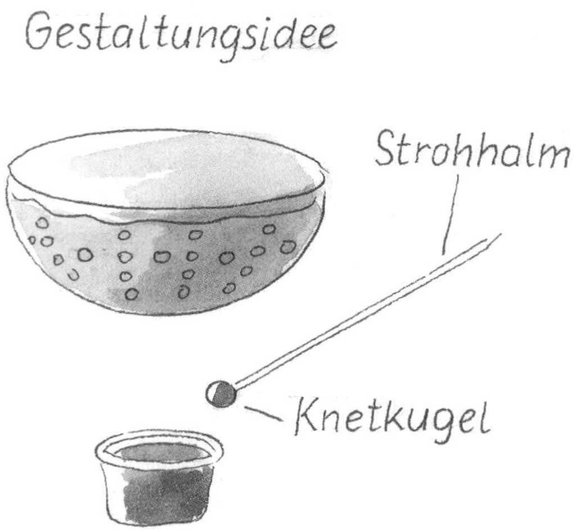

Mit Sang und Klang auf Sindbads Reisen

Eine Klangreise mit Instrumenten und eigener Körpermusik

Alter: ab 4 Jahren
Material: Riqqrassel (➜ S. 28), Darbouka (➜ S. 29), Al Quad (➜ S. 29), „Sindbads Abenteuer“ (➜ S. 24)

Die Kinder untermalen und gestalten die Geschichte „Sindbads Abenteuer“ musikalisch. Die Instrumente können je nach Alter der Kinder frei gewählt oder vorgegeben werden.
Nachdem die Geschichte ein erstes Mal besprochen wurde und manche Kinder sich Instrumente ausgewählt haben, wird beim zweiten Erzählen das Gehörte mit Geräuschen untermalt.

Tipp
Besonders lebendig wird die Geschichte, wenn sie frei gesprochen wird. Auf diese Weise können auch Kinder die Rolle des Erzählers übernehmen.

Sindbad wirft nach einer großen Feier einen Blick in seine Kiste und stellt fest, dass sie fast leer ist.
(Riqqrassel)
Er beschließt, als Gewürzhändler an Bord eines Schiffes zu gehen.
Weit draußen auf dem Meer tosen die Wellen.
(mit den Fingernägeln auf der Darbouka kratzen)
Ein Sturm kommt auf.
(mit dem Mund pusten und blasen)
Am Hafen angekommen, besucht Sindbad einen Bazar, um seine Waren zu verkaufen. Geschäftiges Treiben herrscht in den Gassen.
(durcheinander plappern, Füße tribbeln)
Man kann den Duft von Gewürzen und Kräutern riechen. *(tief einatmen, Augen dabei schließen)*
Zurück an Bord geht die Reise weiter. An einer Insel mitten im Ozean werfen die Seeleute ihren Anker aus. *(mit einem Arm etwas Schweres auswerfen)*
Sie entzünden ein Lagerfeuer, um sich zu wärmen.
(Hände aneinander reiben)
Das Feuer knistert. *(Riqqrassel)*
Plötzlich bewegt sich die Insel!
(Trommelwirbel mit der Darbouka)
Die Seeleute erkennen, dass die Insel ein Wal ist.
(große Stille)
Sindbad fällt ins Meer.
(einmal klatschen)

Er kann sich auf ein Holzfass retten, auf dem er erschöpft einschläft.
(schnarchen)
Glücklich strandet er auf einer Insel
(Klänge auf der Al Quad)
Dort klettert er auf eine Palme, um sich eine Kokosnuss zu holen.
(Hände auf Oberschenkel klopfen)
Die Kokosmilch trinkt er gierig auf!
(schlürfen)
Sindbad entdeckt das Ei von Rok.
(Riqqrassel)
Er hört die Flügelschläge des Riesenvogels.
(Arme seitlich ausstrecken und Flugbewegungen machen)
Rok landet auf dem Ei und brütet es schlafend aus.
(tief ein- und ausatmen)
Schnell bindet sich Sindbad an den Beinen fest und lässt sich zum Festland fliegen.
(Flugbewegungen mit den Armen)
Glücklich *(Klänge auf der Al Quad)*
landet er im Tal der Glitzersteine.
(Klimpern mit der Riqqrassel)
Wieder trägt ihn Rok mit sich fort.
(Flügelschläge)
Doch Menschen machen einen Riesenlärm, so dass Rok Sindbad und die Glitzersteine vor Schreck fallen lässt. *(mit allen Instrumenten spielen und Körpergeräusche machen)*
Als reicher Mann, die Taschen voller Glitzersteine, kehrt Sindbad glücklich nach Hause zurück.
(Klänge auf der Al Quad)

Bewegte Reise

Schon die Jüngeren können Sindbad mit dem ganzen Körper auf diese Reise begleiten. Die Bewegungen fördern das Verständnis des Märchens und machen außerdem viel Spaß!

Alter: ab 3 Jahren

Sindbads Schatzkiste ist fast leer!	*leere, geöffnete Hände zeigen*
Wo bekommt er nur wieder Goldstücke her?	*Daumen, Zeige- und Mittelfinger aneinander reiben*
Schwer bepackt geht er an des Schiffes Bord,	*pantomimisch einen Sack über der Schulter tragen*
die Wellen tragen ihn weit fort.	*Wellenbewegungen mit den Händen*
Auf einer Insel ruht er sich aus!	*Kopf auf gefaltete Hände legen und Augen schließen*
Doch die Insel ist ein Wal und dieser wirft ihn rasch ins Meer hinaus!	*1 × in die Hände klatschen*
Dort treibt ihn sanft der Wind	*mit dem Mund pusten*
zu einer Insel hin geschwind.	*mit Händen eine Insel darstellen*
Sindbad entdeckt Rok und bindet sich an seine Beine,	*Knoten mit den Händen formen*
der fliegt mit ihm in das Tal der Glitzersteine!	*Arme seitlich ausstrecken und Flugbewegungen machen*
Als reicher Mann kehrt er dann heim,	*Brust schwellen*
ein großes Fest soll zu Ehren Sindbads sein!	*jubelnd hüpfen*

Abenteuer mit Rok

Entspannungs- und Bewegungsreise mit Yogaelementen

Welches Kind hat nicht schon einmal davon geträumt zu fliegen! Bei dieser Entspannungsreise begleiten wir den Riesenvogel Rok einen Tag lang. Und vielleicht gelingt es uns, mit ihm zusammen in „die Lüfte abzuheben“.

Alter: ab 3 Jahren
Material: Yoga- bzw. Gummimatten, Triangel, lockere Kleidung
Vorbereitung: den Bewegungsraum gut lüften

Alle Kinder tragen lockere Kleidung und legen sich mit dem Rücken auf die ausgelegten Matten.

Begrüßungsritual

Die Entspannungsleitung schlägt die Triangel. Die Kinder schließen so lange die Augen, bis der Ton im Raum verklungen ist. Daraufhin setzen sich alle in einen Kreis, so dass sich die Hände gegenseitig berühren können. Die Entspannungsleitung sagt:

Die Fingerspitzen berühren erst dich,
dann dich, dann dich, …
(Von der Leitung ausgehend im Kreis von einem zum anderen die Fingerspitzen berühren, bis die Berührung wieder bei der Leitung angekommen ist.)
und nun wieder mich!

Wir atmen ein,
(tief einatmen)
wir atmen aus.
(tief ausatmen)
Entspann dich und fühl dich wie zu Haus!
Abrakadabra simsalasit
ins Land der Träume nehm ich dich mit!

Bewegungs- und Entspannungsreise

Alle Übungen werden mehrere Male durchgeführt! Dabei ist zu beachten, dass die Kinder tief ein- und ausatmen!

Früh morgens sitzt der Riesenvogel Rok auf seinem Ei und brütet es aus.
(mit angezogenen Beinen sitzen, die Arme umklammern die Beine, sanft hin- und herwippen)
Dabei schläft er tief und fest.
(Fersensitz, Kopf in den Schoß, Arme am Körper, Handflächen nach oben)

Die ersten Sonnenstrahlen kitzeln ihn an der Nase.
(Fersensitz, mehrere Male niesen, dabei kräftig die Gesichtsmuskeln an- und entspannen)
Er reckt und streckt sich
(Vierfüßlerstand, Rücken zum Katzenbuckel dehnen und wieder nach unten biegen)

und breitet seine Flügel weit aus.
(vom Fersensitz mit zur Seite ausgebreiteten Armen langsam in den Kniestand, Oberkörper leicht drehen und wieder zurück)

Er hat großen Hunger. Sein Magen knurrt bereits.
(mit der Zunge gluckernde Geräusche erzeugen)

Er breitet seine Arme weit aus und fliegt los.
(aufstehen, Arme seitlich ausstrecken, auf- und abbewegen)
Er fliegt hoch über das Meer und die Berge,
(mit den Armen Wellenbewegungen machen, Fingerspitzen zu einer Bergspitze formen)

bis er schließlich im „Tal der Glitzersteine" Nahrung findet.
Satt ruht er sich aus.
(auf den Bauch legen, Hände seitwärts an den Körper legen, Handflächen nach oben)

Plötzlich wird er durch laute Geräusche gestört und sieht erschreckt um sich.
(aufstehen, Hände an die Stirn legen, in die „Ferne" blicken, den Oberkörper hin- und herbewegen)

Schnell breitet er wieder seine Flügel aus und fliegt zurück zur Insel.
(Arme ausbreiten, auf- und abbewegen)
Die Sonne beginnt zu sinken. Die Nacht bricht herein.
(die nach oben gestreckten Arme sinken langsam zur Seite, währenddessen die Knie beugen)
Zufrieden setzt er sich auf sein Ei und schläft ein.
(Fersensitz, Kopf in den Schoß, Arme am Körper, Handflächen nach oben)

Abschlussritual
Die Kinder sammeln sich wieder im Kreis. Die Spielleitung sagt erneut den Vers:

Die Fingerspitzen berühren erst dich,
dann dich, dann dich, …
und nun wieder mich!

Wir atmen ein,
(tief einatmen)
wir atmen aus.
(tief ausatmen)
Entspann dich, ich trag dich mit nach Haus!
Abrakadabra simsalasit
in unsere Kita nehm ich dich mit!

Die Spielleitung schlägt wieder die Triangel. Die Kinder schließen dabei im Sitzen so lange die Augen, bis der Ton im Raum verklungen ist.

Kristalle züchten

Mit einfachen Mitteln und etwas Geduld lassen sich wunderschöne bunte Kristalle zaubern, solche wie Sindbad in der Schlucht findet. Im Licht betrachtet funkeln sie wie geschliffene Edelsteine. Bei diesem Experiment können selbst die Kleinsten schon rühren, forschen und beobachten.

Alter: ab 3 Jahren
Material: 200 ml warmes Wasser, 40 g Kochsalz, 1 ausgespültes Marmeladenglas, Lebensmittelfarben, Wolle, 1 Schaschlikstab

- Warmes Wasser in ein Marmeladenglas geben.
- Das Salz nach und nach in das warme Wasser geben, verrühren und wenige Tropfen Lebensmittelfarbe hinzugeben.
- Hat sich das Salz vollständig aufgelöst, ist eine gesättigte Lösung entstanden.
- Das eine Ende eines Wollfadens ins Wasser tauchen.
- Das andere Ende am Schaschlikstab verknoten und den Stab quer über das Glas legen.
- Dort werden die einzelnen Salzbausteine allmählich anhaften und Kristalle bilden.
- Das Glas an einen ruhigen Ort, z. B. auf ein Fensterbrett, stellen. Es soll dort möglichst unberührt bleiben.
- Das Wasser verdunstet nach und nach und hinterlässt gelöste Salzteilchen.
- Diese Teilchen bilden immer größer werdende Klumpen, so genannte Kristalle.
- Je langsamer das Wasser abkühlt, desto größer werden die einzelnen Kristalle.
- Deshalb führt hier Geduld zum Erfolg!

Sudoku mit Glitzersteinen

Sudoku
Alter: ab 5 Jahren
Material: bunte Kristalle oder Glitzersteine (→ S. 35), verschiedene Gesteinsarten, quadratische Pappe, Stift

Vorbereitung

- Auf die quadratische Pappe sechzehn gleich große Kästchen neben- und untereinander zeichnen.
- Jeweils vier davon im Quadrat dick umranden.
- 4 × 4 gleichfarbige Kristalle, Glitzersteine oder Gesteinsarten bereitlegen.

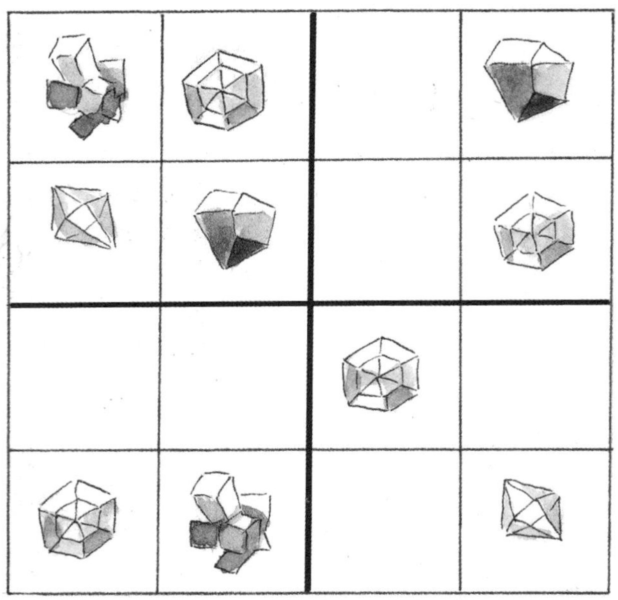

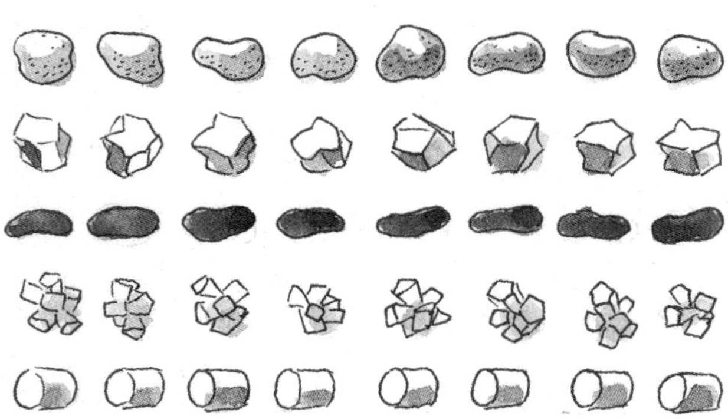

Spielverlauf
Jede Farbe oder jeder Stein darf in jedem Quadrat und jeder Spalte nur einmal vorkommen! Die Spielleitung gibt die Beginnvariante vor! Das Kind ergänzt die leeren Kästchen.

Logische Reihen mit Glitzersteinen

Alter: ab 5 Jahren
Material: bunte Kristalle oder Glitzersteine (→ S. 35), verschiedene Gesteinsarten

Vorbereitung
Jeweils acht Steine von fünf Sorten verschiedener Gesteinsarten bereitlegen.

Spielverlauf
Die Spielleitung gibt eine Reihe vor, z. B. zwei Kieselsteine, ein Sandstein, drei kleine Wackersteine, zwei Kieselsteine. Das Kind ergänzt diese beliebig weit.

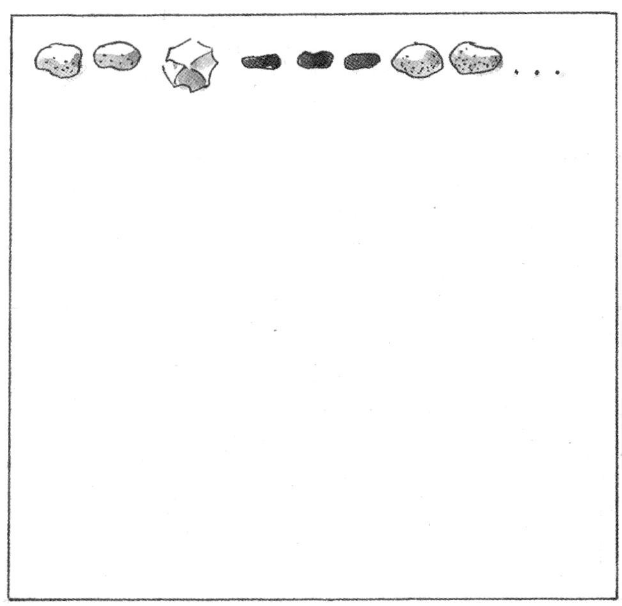

Der kleine Muck

Der kleine Muck und die schnellen Schuhe

Einst lebte in der Stadt Nicäa im fernen Orient ein junger Mann, den alle „den kleinen Muck" nannten. Das lag daran, dass er wirklich außerordentlich kurz gewachsen war. Alle Kinder der Straße verspotteten ihn und riefen lachend, wenn Muck vorüberging:

„Kleiner Muck, wohnst in einem großen Haus,
gehst nur sehr, sehr selten aus.
Kleiner Muck, lauf und guck,
wo wir uns verstecken!"

Eines Tages starb der Vater des Jungen und hinterließ ihm nur seine eigenen Kleider, die dem kleinen Muck viel zu groß waren. In seiner Armut blieb Muck nichts anderes übrig, als Hosenbeine und Ärmel abzuschneiden und auf Wanderschaft zu gehen. Er suchte nach Arbeit, um nicht verhungern zu müssen. Nach zwei Tagesmärschen kam der kleine Muck in eine fremde Stadt. Hunger und Durst quälten ihn und die Müdigkeit kroch ihm bis in die Füße hinab. Da hörte er eine sanfte Stimme locken:

„Kommt herbei! Gekocht ist der Brei.
Der Tisch ist gedeckt, bestimmt es euch schmeckt!
Kommt herbei! Gekocht ist der Brei."

Die Stimme klang aus dem Fenster eines kleinen, aber wunderschönen Hauses. Sehr gerne nahm der hungrige Muck diese Einladung an und marschierte zur Tür hinein. Doch nicht nur er betrat das Haus. Mit ihm sprangen dutzende Katzen die steilen Treppen empor. Die sanfte Stimme fragte verwundert: „Nanu, wer bist denn du?"

„Mein Name ist Muck und ihr habt mich eingeladen, mit euch Brei zu essen. Ich danke euch, denn ich habe furchtbaren Hunger!", entgegnete der kleine Muck.
Da erst sah er, dass die Stimme einer alten, buckligen Frau gehörte, die freundlich erwiderte: „Die ganze Stadt weiß, dass ich alleine für meine lieben Katzen koche, niemals für Fremde. Doch heute möchte ich eine Ausnahme machen. Setz dich zu den Kätzlein und nimm dir eine Schüssel mit Brei und etwas zu trinken."
Der kleine Muck schlang den Brei gierig hinunter. Nach dem Essen bot Ahavazi, so hieß die alte Frau, dem kleinen Muck an, für einen Schlafplatz und Essen bei ihr zu bleiben. Dafür musste er sich lediglich um die Tiere kümmern. Der kleine Muck willigte freudig ein. Was für ein Glück er doch hatte!
Von nun an hegte und pflegte er die Kätzlein, die für die alte Frau wie eigene Kinder waren. Die Arbeit war nicht besonders schwer, doch fühlte sich der kleine Muck sehr einsam. Tagaus, tagein sah er keinen anderen Menschen als Ahavazi, die nur selten mit ihm sprach. Und die Katzen, ja die waren sehr unartig, besonders wenn die alte Frau das Haus verließ. Sofort sprangen sie auf Tische und Schränke und oft zersprang kostbares Glas und Porzellan. Wie ärgerte sich da Ahavazi und schimpfte mit dem kleinen Muck.
So beschloss er eines Tages, das Heim zu verlassen und sein Glück an einem anderen Ort zu suchen. Doch da er ohne Geld nicht weit kommen würde, wollte er vorher in das geheime Zimmer Ahavazis, das stets verschlossen war. Es war ihm strengstens verboten, dort hineinzugehen. Der kleine Muck vermutete hinter dieser Tür Geld und Schätze. Als die alte Frau also ausgegangen war, schlich er sich in den Raum. Er traute seinen Augen nicht, was er dort zu Gesicht bekam. Kostbare Schätze in Hülle und Fülle! Doch für seine Reise am geeignetsten erschienen ihm zwei hübsche Pantoffeln und ein Wanderstock. Schnell wechselte er seine viel zu großen Schuhe gegen die Pantoffeln, schlüpfte in seinen Mantel und lief hinaus vor die Tore der Stadt.
Vor lauter Angst, Ahavazi könnte ihn verfolgen, lief er stundenlang weiter durch die Wälder. Und obwohl er so weit gelaufen war, taten seine kurzen Beine nicht weh. Sie liefen, ohne müde zu werden, im-

mer weiter. Nach mehreren Stunden ununterbrochenem Laufen wollte er eine kurze Pause machen, doch die Schuhe ließen dies nicht zu. Verwundert bemerkte der kleine Muck, dass es mit den Schuhen etwas Besonderes auf sich hatte. Verwirrt rief er: „Brrr, haltet an!“ Und wie von Zauberhand blieben die Schuhe stehen. Wie erstaunt war da der kleine Mann! Es waren Zauberschuhe! Der kleine Muck setzte sich zufrieden und müde unter einen Baum und schlief sogleich ein.
Im Schlaf hatte er einen wundersamen Traum. Der brave Hund von Ahavazi flüsterte ihm die weiteren Geheimnisse der Schuhe und des Wanderstockes zu: „Wenn du dich dreimal mit den Schuhen drehst, bringen sie dich an alle Orte, die du möchtest. Und wenn dir auf der Reise vergrabenes Gold begegnet, klopft der Stock dreimal auf den Boden, bei Silber zweimal.“
Kaum erwacht, drehte sich der kleine Muck schlaftrunken dreimal mit seinen Pantoffeln und wünschte sich in eine ferne Stadt. Und tatsächlich! Es hatte geklappt! Auf dem Marktplatz dieser Stadt kam er schwummrig zum Stehen. Der kleine Hund hatte Recht behalten! Die Pantoffeln waren verzaubert!
Plötzlich fiel ihm ein, wie er mit diesen Schuhen zu Geld kommen könnte! Schnell eilte der kleine Muck zum königlichen Palast und brachte dem Kalifen seine Bitte vor: „Lieber Kalif, lasst mich euer Bote werden. Ich werde all eure Briefe und Botschaften umgehend an den richtigen Ort bringen. Ich bin zwar klein, aber der größte Läufer aller Zeiten!“
Welch Gespött musste da der kleine Muck über sich ergehen lassen: „Du? Der schnellste Läufer? Wie kann ein so kleiner Mann solch große Worte riskieren!“, entgegnete lachend der Wesir des Kalifen.
Doch der Herr forderte den kleinen Muck heraus: „Schaffst du es, bei einem Wettrennen gegen die schnellsten Männer meines Landes zu gewinnen, so sollst du königlicher Botenläufer werden.“
Und so geschah es. Es war ein Leichtes, gegen diese Männer zu siegen. Denn die Pantoffeln rannten so lange und rasend schnell, bis der kleine Muck den Befehl zum Stillstehen aussprach.
„Kleiner Muck, du hast dein Können bewiesen! Du bist ein großartiger Läufer und sollst ab heute in meinen Diensten stehen“, befahl der Kalif und erfüllte somit den größten Traum des kleinen Muck.

Die Turbopuschen

Nr. 13

Musik: Thorsten Wadowski & Qusai Zureikat | Text: Thorsten Wadowski

Zauberschuhe sind Gold wert! Und was man damit alles machen kann! Davon erzählt das flotte Lied von den Turbopuschen!

1. Es gibt Eilzüge, Schnellzüge, Düsenjets und Turboflüge,
manche fliegen schneller als der Schall.
Es gibt Raketen, die rasen zu Planeten
durch das große Weltall mit 'nem Knall.
Es gibt Rennautos und die rasen wie der Blitz.
200 Sachen fährt mein Onkel Reiner.
Doch ich hab was viel, viel Schnelleres, mit dem ich flitz,
und so etwas Tolles hat sonst keiner.

Refrain
Meine Puschen, meine Hochgeschwindigkeitsturbopuschen,
mit denen kann ich in Hochgeschwindigkeit weghuschen.
Und sagt, „wann gehst du ins Bettchen?", die Mama,
dann mach ich FLITZ, ich bin schon da!

2. Auf ganz leisen Sohlen, ohne Quietschen, ohne Knall,
rase ich schneller als der Schall.
Meine Turbopuschen bringen mich nach überall
und ich bin der Erste auf jeden Fall.

Mein Onkel Reiner steht meist vor 'ner roten Ampel,
der Schnellzug kommt zu spät fast jedes Mal.
Doch meine Turbopuschen flitzen, auf die, die ist Verlass
bei Regen, Schnee und Hagel, ganz egal!

Refrain
Meine Puschen, meine Hochgeschwindigkeitsturbopuschen,
auf denen kann ich in Hochgeschwindigkeit weghuschen.
Ruft: „Wann putzt du die Zähne?", der Papa,
dann mach ich FLITZ, ich bin schon da!

Zwischenspiel
Meine Hochgeschwindigkeitspuschen sind ein großes Glück.
Sie bringen mich ratzfatz nach Afrika und schnell zurück.
Und keiner hat's bemerkt, dass ich weg war von zuhaus',
nur mein Schlafanzug, der sieht danach immer ein bisschen dreckig aus.

Refrain
Meine Puschen, meine Hochgeschwindigkeitsturbopuschen,
mit denen kann ich in Hochgeschwindigkeit weghuschen.
Rufen: „Wann kommst du zum Essen?" Papa und Mama,
dann mach ich SCHSCH und ich bin schon da!
… und beide staunen: „Oh, du bist schon da!"

Slipper für den kleinen Muck

Ob die selbst gemachten Schuhe so schnell laufen wie die des kleinen Muck, bleibt ein Geheimnis. Doch eines ist sicher: Mit den Glöckchen klingen sie besonders hübsch und laden zum Springen und Bewegen ein!

Alter: ab 5 Jahren
Material: Wellpappe, Schere, Filz, Stift, Klebstoff, Watte, 2 Glöckchen, Garn, Nadel; evtl. Moosgummi

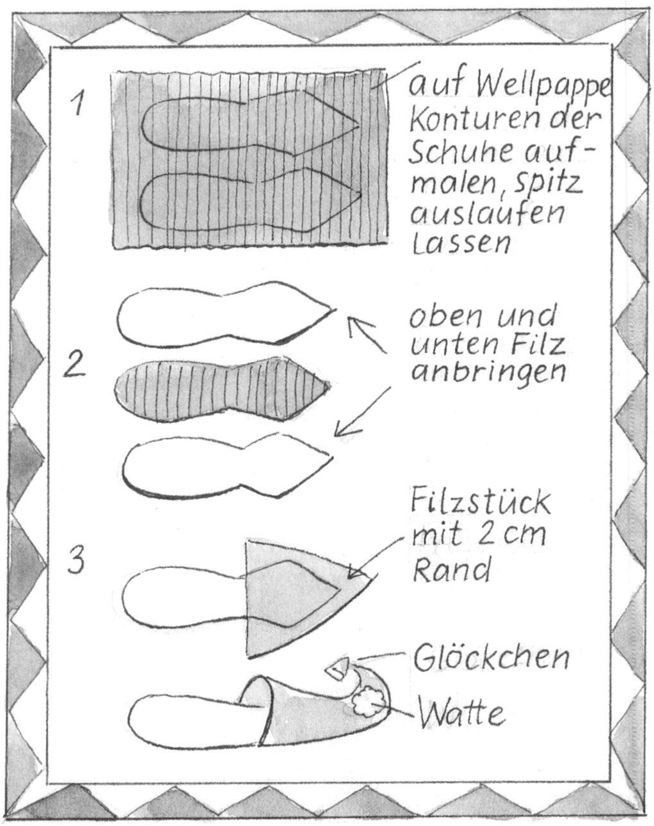

✧ Beide Füße auf Wellpappe stellen, großzügig die Konturen aufzeichnen, an den Zehen spitz auslaufen lassen und ausschneiden.
✧ Jedes Fußmuster weitere zweimal aus Filz herstellen.
✧ Den Filz oben und unten an die Wellpappensohle kleben.
✧ Die vorderen Schuhhälften auf ein weiteres Filzstück legen und mit zwei Zentimeter Rand übertragen.
✧ Die halben Schuhvorlagen an die vorderen Schuhhälften annähen.
✧ Die Schuhspitze mit Watte ausstopfen und etwas nach oben biegen.
✧ An jede Schuhspitze mit Nadel und Garn ein Glöckchen nähen.

Tipp
Um die Schuhe rutschfest zu machen, kleine Kreise aus Moosgummi ausschneiden und auf die Sohle kleben.

Schnelle Schuhspiele

Die selbst gemachten Schuhe des kleinen Muck sind einfach toll. Wer sie trägt, kann hüpfen, springen und vieles mehr. Doch Halt! Erst dreimal drehen und dann geht's los.

Alter: ab 4 Jahren
Material: pro Kind 1 Paar Slipper (➔ S. 42); evtl. Hausschuhe, Glöckchen, Nadel und Faden

Spielverlauf
Ein Kind schlüpft in die Rolle des kleinen Muck, der von den Kindern der Straße gehänselt wird. Doch mit seinen schnellen Schuhen kann er die Kinder fangen.
Alle anderen Kinder versammeln sich nur mit Strümpfen an den Füßen an einer Wand im Turnraum. Ihre Schuhe stehen an der Seite griffbereit. Der kleine Muck steht an der gegenüber liegenden Wand.

Die Kinder rufen:
„Kleiner Muck, wohnst in einem großen Haus,
gehst nur sehr, sehr selten aus.
Kleiner Muck, lauf und guck,
kannst uns gar nicht fangen!"

Der kleine Muck dreht sich dreimal und erwidert dabei:

„Dreimal werde ich mich drehen,
schnelle Schuhe sollt ihr sehen.
Ich bin zwar klein, doch so wie ihr,
wen ich fang, der spielt mit mir!"

Alle Kinder laufen langsam, da ihre Strümpfe ja rutschig sind, zur gegenüber liegenden Wand. Der kleine Muck läuft ihnen entgegen und versucht, möglichst viele Kinder zu fangen. Die Gefangenen ziehen ebenfalls ihre Schuhe an und stellen sich zum kleinen Muck. Eine weitere Runde beginnt.

Das Kind, das als letztes vom kleinen Muck gefangen wurde, übernimmt in der nächsten Runde die Rolle des kleinen Muck.

Variante
Statt der selbst gemachten Schuhe können die Kinder ihre Hausschuhe verwenden. Mit Nadel und Faden näht die Spielleitung ein Glöckchen daran fest.

Schleichen, Hüpfen, Drehen, Springen

Alter: ab 3 Jahren
Material: pro Kind 1 Paar Slipper (→ S. 42), 3 Reifen, Schellenkranz

Drei Reifen im Bewegungsraum verteilen. Die Spielleitung schlägt einen Schellenkranz, während die Kinder mit ihren Schuhen im Bewegungsraum umherspringen. Die Spielleitung unterbricht das Schlagen und ruft eine Anweisung zu, die die Kinder möglichst schnell ausführen.

- „Kleiner Muck, schleich dich!"
(die Glöckchen der Schuhe sollen nicht zu hören sein)
- „Kleiner Muck, hüpf zum Palast!"
(in einen Reifen hüpfen)
- „Kleiner Muck, dreh dich!"
(dreimal drehen)
- „Kleiner Muck, spring schnell!"
(schnell von einem zum anderen Ende des Raumes laufen)

Variante für Ältere
Leicht kann daraus ein Wettspiel werden. Das Kind, das die Anweisungen der Spielleitung als letztes umsetzt, scheidet aus. Wer am Ende übrig bleibt, gewinnt.

Ahavazis köstlicher Brei

Der kleine Muck bekommt von Ahavazi jeden Tag aufs Neue einen Brei und muss ihn mit den Katzen teilen. Dieses bunte und gesunde Rezept „Kartoffelpüree mit Möhren" schmeckt aber nicht nur Katzen, sondern allen Kindern wunderbar.

Alter: ab 4 Jahren
Material: Kartoffelschäler, Schneidebrett, Messer, großer Topf, Kartoffelstampfer
Zutaten: 1 kg Kartoffeln, 500 g Möhren, Wasser, 100 ml Milch, Salz, Muskat, Pfeffer; evtl. Spinat, gehäutete Paprika, Tomaten

- Kartoffeln und Möhren schälen, in Würfel schneiden und in etwas gesalzenem Wasser 20 Minuten garen.
- Überschüssiges Wasser abgießen.
- Gemüse mit einem Kartoffelstampfer zerdrücken.
- Milch in den Topf gießen, erhitzen und unter das Gemüse mischen.
- Mit Salz, Muskat und Pfeffer würzen.

Variante
Mit Gemüse in anderen Farben, z. B. Spinat, gehäuteten Paprika und Tomaten, entsteht ein buntes „Breierlei".

Tischreime

Der kleine Muck sitzt zusammen mit vielen Katzen am Tisch. Gemeinsam lassen sie sich Ahavazis Brei lecker schmecken. Und dazu fallen ihm allerlei lustige Reime ein, die vor dem Essen gesprochen werden.

Kommt herbei! Gekocht ist der Brei.
Der Tisch ist gedeckt,
bestimmt es euch schmeckt!
Kommt herbei! Gekocht ist der Brei.

Alle Katzen und auch Hunde,
alle Tiere hier im Bunde
krabbeln, kriechen, hüpfen, schleichen,
sich nun schnell die Pfoten reichen.
Das Kamel sich um das Mäulchen schleckt
und ruft: „Auf dass es allen schmeckt!"

Alle Leut' im Morgenland
reichen sich am Tisch die Hand.
Ein Fliegender Teppich bringt auf seine Weise
eine lecker riechende feine Speise.
Der Kalif steht auf und spricht nun:
„Eurem Bauch soll's wohlig tun!"
(Essen auf einem Tablett servieren)

Abrakadabra, simsalamir,
Rießenhunger haben wir!
Abrakadabra simsalabit,
Und wünschen guten Appetit!

Salam, wir sind alle zusamm'.
Salam, wir sind alle da
und wünschen: „Bil hana we shifa."

Der kleine Muck und das Geheimnis der Feigen

Die Aufgabe des königlichen Läufers erfüllte Muck viele Tage als der Schnellste und Gewissenhafteste von allen. Stets war der Kalif mit dem kleinen Mann hochzufrieden und Muck wurde zum Besten erkoren. Doch dies brachte ihm nicht nur einen guten Verdienst, sondern auch den Neid und die Gier der anderen Läufer.

Da hatte Muck eines Abends eine Idee, wie er die Gunst der Männer erlangen könnte. Er setzte den Wanderstock im Garten des Kalifen ein. Er hatte schon oft gehört, dass im königlichen Garten der eine oder andere Schatz vergraben sein sollte. Nicht lange musste er suchen. Nach kurzer Zeit schlug der Stock dreimal aus. Und es war wirklich wahr! Der kleine Muck grub und fand große Mengen an Gold, die er schnell in sein Zimmer im Palast schleppte.

Viele Schätze fand er in den kommenden Nächten und glaubte großherzig, so die Freundschaft der Männer erkaufen zu können. Doch wie leichtgläubig war der kleine Muck! Nein, in den Männern wuchsen der Groll und die Habgier immer weiter. Der Wesir schwärzte ihn an: „Er hat es gestohlen! Schaut nur, wie kann ein so kleiner Mann an solche Schätze kommen? Er ist ein Dieb! Er hat es aus der königlichen Schatzkammer genommen!“

Und um dessen Schuld zu beweisen, ließ er von zwei Wachen des Nachts den kleinen Muck beobachten. Welch eine Genugtuung hatte der Wesir da, als er den kleinen Mann an Handschellen dem Kalifen vorführen ließ. Der kleine Muck beteuerte seine Unschuld: „Ich wollte kein Gold aus der Schatzkammer vergraben, ich wollte es ausgraben und euch geben. So glaubt mir doch!“

Der Kalif aber war überzeugt von seiner Schuld und ließ Muck ins Gefängnis werfen. Vor lauter Angst um sein Leben verriet der kleine Muck das Geheimnis seiner Pantoffeln und des Wanderstockes einzig dem Kalifen. Gierig ließ dieser ihm die Zauberstücke abnehmen und brachte sie in die Schatzkammer. Wie traurig war da der kleine Muck!

Doch der Kalif versprach, ihn laufen zu lassen, wenn er die Wahrheit gesprochen habe. Der Herr überzeugte sich selbst. Mit den Pantoffeln an den Füßen rannte er durch den Park und fand mit Hilfe des Stockes tatsächlich Gold.

„Du bist ein freier Mann! Lauf fort, soweit du kannst!“, befahl der Kalif.

Bitterarm musste der kleine Muck von neuem beginnen.

(geeignete Stelle für eine Erzählpause)

Benommen vor Hunger und Enttäuschung machte er Rast unter einem Feigenbaum. Gierig aß er eine Frucht. Doch schnell bemerkte er, dass mit den Feigen etwas nicht in Ordnung war. Er lief zum Wasser und sah erschrocken sein eigenes Spiegelbild! Dem kleinen Muck wuchsen Eselsohren und seine Nase wurde lang und spitz! Bestürzt weinte er bitterlich, denn er dachte, dies sei die Strafe für sein leichtfertiges Handeln.
Doch alles Weinen half nichts. Der Hunger ließ ihn abermals eine Feige greifen, doch diesmal von dem Baum daneben. Und siehe da! Mit einem Mal verschwand der Zauber.
Und da kam ihm eine Idee!
Er pflückte so viele Feigen von beiden Bäumen, wie er nur tragen konnte, und machte sich auf den Weg zurück zum königlichen Palast. Vorbei an den Wachen schlich er sich zur Hintertür der Palastküche und bot dem Koch, welcher allezeit nach frischen, leckeren Früchten für seinen Kalifen Ausschau hielt, die Feigen des ersten Baumes an.
Überzeugt von der Schönheit dieser Früchte nahm der Koch diese gerne zu sich und bereitete sie noch am selben Tag dem Kalifen und dessen Gästen zu. Überwältigt vom leckeren Geschmack der Feigen teilte der Kalif allen Gästen, die an seiner Tafel speisten, die köstlichen Früchte aus: „Mein lieber Koch, welch leckere Früchte du für mich hast! Ich danke dir!"
Doch während der Kalif genüsslich die Früchte aß, rief seine Tochter Delia ergriffen: „Bei Allah, Vater, was hast du nur für große Ohren! Und deine Nase wächst!" Und wirklich, der Kalif glich einem Esel. Und kurze Zeit darauf auch alle anderen Gäste des Königs. Wie groß war da die Aufregung!

Aus aller Herren Länder wurden die besten und bedeutsamsten Ärzte herbeigeholt, um das Königshaus zu heilen. Doch alle Versuche waren vergebens. Die Ohren blieben groß und die Nasen lang!
Da sah der kleine Muck seine Gelegenheit, wieder zu seinen Schätzen zu kommen. Als Arzt verkleidet ging er an des Kalifs Hof und bat um Einlass. Wie musste er in sich hineinlachen, als er die oberen Herren und Damen so verunstaltet sah.
„Herr, ich kann euch helfen! Esst diese Feige und ihr werdet sehen!", versprach der kleine Muck.
Misstrauisch testete der Kalif die Wirkung an einem der jungen Prinzen. Begeistert sahen sie den Zauber. Die Ohren wurden kleiner und die Nase wieder runder. Der Prinz nahm freudig seine alte Gestalt an.
Der Kalif war aufgeregt und wollte ebenfalls eine Feige. Er nahm den kleinen Muck an die Hand und führte ihn in die königliche Schatzkammer: „Nimm was und so viel du möchtest! Nur heile mich schnell!"
Gleich erblickte der kleine Muck seine wunderschönen Pantoffeln und den Wanderstock. Beides nahm er zu sich, legte seine Verkleidung ab und rief vorwurfsvoll: „Ihr Narr! Glaubtet ihr, ich helfe euch wirklich? Ich war euch allzeit ein treuer Diener und ihr wart so undankbar. Zur Strafe sollt ihr die Eselsohren behalten! Dann erinnert ihr euch immer an diese schandvolle Tat!" Er schlüpfte schnell in die Pantoffeln, drehte sich dreimal um sich selbst und wünschte sich auf und davon, bevor der Kalif etwas erwidern konnte.
Seit diesem Tag lebte der kleine Muck in einem prächtigen Haus in einer fernen Stadt. Seine Großzügigkeit und Herzlichkeit verlor er nie. Und der Spott der Menschen von einst wandelte sich in tiefe Bewunderung.

Die Nacht neigte sich dem Ende zu und der Tag kündigte sein Erwachen an, als Scheherazade schwieg.
Schahrirar dachte nach: „Dieser kleine Muck tut mir leid! Menschen können so böse sein. Aber sie haben ihre gerechte Strafe bekommen."
„Ja, das haben die Menschen. Wenn dir diese Geschichte gefallen hat, dann habe ich für morgen Abend noch die Geschichte eines ehrwürdigen Mannes und seiner mutigen Dienerin für dich. Sie nahmen es gleich mit 40 Räubern auf!", sagte Scheherazade geheimnisvoll.
Schahrirar erwiderte: „Ich möchte diese Geschichte gerne hören. Bleibe für eine weitere Nacht und erzähle sie mir!"
„Ich bleibe und werde dir von Ali Baba und den 40 Räubern berichten", stimmte die schöne Prinzessin zu.

Mucks Zauberstock sucht Schätze

Nicht nur Schuhe entwendet Muck aus Ahavazis geheimnisvollem Zimmer. Auch einen verwunschenen Stock nimmt er mit auf die Reise. Sein Zauber verhilft Muck zu Reichtum. Schlägt der Stock dreimal auf, findet der kleine Mann Gold. Unser selbst gemachter Spielstock kann auch zaubern. Ein Magnet zieht allerlei Schätze an.

Alter: ab 4 Jahren
Material: Schnur, starker Magnet, Holzstöcke, Schatzkiste, jeweils 5 magnetische Gegenstände (z. B. 1- und 2-Cent-Münzen, Büroklammern, Schrauben)

Vorbereitung
An das eine Ende eines Holzstocks mit Hilfe einer Schnur einen Magneten befestigen. Der Magnet sollte ungefähr 30 cm tief hängen. Ein 3 × 3 Meter großes Stück Wiese mit Holzstöcken eingrenzen. Das Gras sollte nicht allzu hoch gewachsen, aber auch nicht frisch gemäht sein. Alle magnetischen Gegenstände auf der Wiese verteilen.

Ein kleines Muck-Kind macht sich auf die Suche nach den Gegenständen. Mit seinem Stock geht es ins Feld und sucht mit dem Magneten zwischen den Grashalmen. „Klebt" ein Gegenstand am Magnet, wird er in die Schatzkiste gegeben. Der kleine Muck hat genau eine Minute Zeit. Dann übernimmt ein anderes Kind seine Rolle.
Wer die meisten Münzen in der vorgegebenen Zeit schnappen konnte, gewinnt, denn die anderen Gegenstände sind ja eher wertlos.

Variante
Zwei Kinder treten gegeneinander an und gehen für eine Minute gemeinsam ins abgesteckte Feld. Jedes Kind hält einen Magnetstock in der Hand und macht sich auf Schatzsuche. Wer in der vorgegebenen Zeit die meisten Münzen sammeln konnte, gewinnt.

Chuschchusch: Dufte Sinnes-Spiele

Der kleine Muck überzeugte den Kalifen mit seinen köstlichen Feigen. Damit überlistete er diesen. Tja, hätte der Kalif wohl besser aufgepasst! Denn wer seine Sinne bewusst einsetzt, erspart sich wohl das eine oder andere „Eselsohr".

Bei folgenden Spielen schulen wir unsere Sinne, damit wir nicht so leicht ausgetrickst werden. Mit dem kleinen Muck gehen wir gemeinsam auf den Bazar und erleben eine sinnliche Lehre in der Welt der Düfte, Aromen, Gewürze und Kräuter. Durch unterschiedliche Reize werden die Wahrnehmungen der Kinder differenziert. Außerdem können zur Kontrolle der Spiele alle Sinne eingesetzt werden. Auf diese Weise verfestigt sich die Wahrnehmung.

Da bei allen Spielen hohe Konzentration der Kinder notwendig ist, sollte eine zeitliche Begrenzung von etwa 15 Minuten eingehalten werden.

Schmecken

Alter: ab 5 Jahren
Material: Augenbinde, unterschiedliche Gewürze und Kräuter (z. B. Kurkuma, Paprika, Pfeffer, Muskat, Salbei), kleine weiße Schüsseln, 1 Teelöffel pro Kind, Bilder von den Pflanzen, aus denen das jeweilige Gewürz gewonnen wurde
Vorbereitung: Die Schüsseln mit unterschiedlichen Gewürzen und Kräutern füllen.

- Die Kinder schließen die Augen oder verdecken sie mit einer Augenbinde. Zu Beginn werden die Schüsseln mit verschiedenem Inhalt den Kindern gereicht. Dabei sollen sie den typischen Geruch von Gewürzen und Kräuter riechen. Wer möchte, kann auf einem Teelöffel eine Brise geschmacklich testen.
- Welches Gewürz kommt ihnen bekannt vor? Welches ist intensiv im Geschmack? Ist ein Gewürz scharf? Lassen sich bestimmte Inhalte einer Pflanze zuordnen, z. B. Paprika?
- Schaffen es die Kinder, Inhalte zuzuordnen, kennzeichnet die Spielleitung diese mit einer Bildkarte.
- Anschließend werden die Augen geöffnet. Stimmt der Geschmacks- und Geruchssinn mit dem Sehsinn überein?
- Nun teilen alle gemeinsam die Bildkarten den richtigen Gewürzen und Kräutern zu.

Sehen

Alter: ab 3 Jahren
Material: leere Streichholzschachteln, Gewürze und Kräuter, Teelöffel
Vorbereitung: In jeweils zwei Streichholzschachteln dasselbe Gewürz geben (ca. ½ Teelöffel). Auf die Unterseite den Namen zur Kontrolle für die Spielleitung schreiben.

Die Streichholzschachteln werden auf dem Tisch verteilt. Nacheinander öffnen alle Kinder jeweils zwei Schachteln. Schiebt ein Kind zwei Schachteln mit demselben Inhalt auf, darf es diese behalten und wählt erneut zwei aus.
Sind die Schachteln unterschiedlich, schiebt es diese wieder zu und das nächste Kind ist an der Reihe. Das Kind, das die meisten Schachteln sammeln konnte, gewinnt.

Variante für Ältere
Die Kinder nennen zusätzlich die Namen der Gewürze oder Kräuter.

Riechen

Alter: ab 5 Jahren
Material: Gewürze und Kräuter (z. B. Nelken, Pfefferkörner, Salz, Paprikapulver, getrocknete Dillspitzen, Lorbeerblätter), Filmdöschen, Bildkarten der Pflanzen, aus denen das Gewürz gewonnen wurde, Nagel, Teelöffel

Vorbereitung
In jeweils zwei Döschen dasselbe Gewürz geben (ca. 1 Teelöffel) und verschließen. Auf die Unterseite den Namen des Inhaltes zur Kontrolle für die Spielleitung schreiben. Mit dem Nagel Löcher in die Oberseite drücken. Dadurch kann der Duft entströmen.

- Alle Filmdöschen werden mit den Öffnungen nach oben auf dem Tisch verteilt
- Nacheinander riechen alle Kinder jeweils an zwei Döschen.
- Riecht ein Kind zwei gleiche Döschen, darf es diese behalten und riecht erneut an zweien.
- Hat das Kind zwei unterschiedliche Döschen erwischt, stellt es diese wieder zurück und das nächste Kind ist an der Reihe.
- Das Kind, das die meisten Döschen hat, gewinnt.

Variante für Ältere
Alle Döschen stehen auf dem Tisch. Jedes Kind prägt sich den Geruch der Gewürze ein. Die Spielleitung gibt einem Kind ein Filmdöschen zum Riechen. Bei der richtigen Zuordnung zur passenden Bildkarte gibt's einen Punkt.

Hören

Alter: ab 4 Jahren
Material: Gewürze und Kräuter (z. B. Nelken, Pfefferkörner, Salz, Paprikapulver, getrocknete Dillspitzen, Lorbeerblätter), Filmdöschen, Teelöffel
Vorbereitung: In jeweils zwei Döschen dasselbe Gewürz geben (ca. 1 Teelöffel) und verschließen.

- Die Kinder öffnen alle Filmdöschen, riechen und benennen den Inhalt.
- Sie verschließen die Döschen und stellen sie auf den Tisch.
- Die Kinder schütteln nacheinander zwei Döschen und suchen mit ihrem Hörsinn nach demselben Inhalt.
- Erraten sie ihn, dürfen sie erneut schütteln.
- Erraten sie ihn nicht, ist das nächste Kind an der Reihe.

Fühlen

Alter: ab 5 Jahren
Material: Gewürze und Kräuter (z. B. Nelken, Pfefferkörner, Salz, Paprikapulver, getrocknete Dillspitzen, Lorbeerblätter), Filmdöschen, Teelöffel
Vorbereitung: In jeweils zwei Döschen dasselbe Gewürz geben (ca. 1 Teelöffel) und verschließen.

Dieses Spiel verläuft ähnlich wie beim Thema Hören (s. o.). Allerdings dürfen hier die Döschen nicht geschüttelt, sondern nur hochgehoben werden. Die Zuordnung erfolgt hier nach Gewicht.

Tipp
Die Döschenpaare unterschiedlich befüllen, damit die Gewichte klar zu differenzieren sind.

Ali Baba und die 40 Räuber

Es lebten einmal zwei Brüder im fernen Persien. Ali Baba und Cassim waren sehr unterschiedlich. Als ihr Vater starb, hinterließ er seinen beiden Söhnen nur wenig Vermögen. Doch Cassim war sehr gerissen und heiratete eine wohlhabende Frau. So zählte Cassim bald zu den reichsten Männern der Stadt. Da passte es auch zu diesem habgierigen Mann, dass er seinen armen Bruder verleugnete.

Ali Baba war ganz anders. Er folgte seinem Herzen und heiratete seine große Liebe, obwohl sie eine arme Frau war. Sie wohnten gemeinsam in einer armseligen Hütte vor den Toren der Stadt. Das bisschen Geld, das sie zum Leben benötigten, verdiente sich Ali Baba, indem er im Wald Holzstücke sammelte, auf seinen Esel lud und es auf dem Bazar verkaufte.

Eines schönen Nachmittags war Ali Baba wieder einmal im Wald. Gerade als er dabei war, seinen Eseln zu packen, hörte er Hufe klappern. Die Geräusche kamen immer näher und er bekam es mit der Angst zu tun. In Panik band er den Esel zwischen zwei Büschen fest, stieg auf den nächsten Baum und versteckte sich zwischen den Zweigen. Da sah er schon die vielen Männer, die auf ihren Pferden mit lautem Geschrei direkt auf ihn zuritten. Männer mit dunkler Haut, langen Bärten und zerrissenen Kleidern. Ali Baba schnürte es vor Angst die Kehle zu und er flüsterte: „Eine Räuberbande! Allah, steh mir bei, beschütze mich!"

Doch da sah er zu seiner Erleichterung, dass die Männer wenige Meter vor seinem Versteck ihre Pferde zum Stehen brachten und mit großspurigem Geschwätz ihre erbeuteten Schätze abluden. Ali Baba wagte kaum zu atmen. Er zählte neununddreißig Männer und einen besonders großen, dickbauchigen Mann. Dieser befahl den Männern, die Felstür zu öffnen!

Hatte Ali Baba richtig gehört? Eine Felstür öffnen? Wie war das möglich?

Ein kleiner Mann mit großem Säbel stellte sich vor die Felswand und rief mit dunkler Stimme: „Sesam, öffne dich!" Im selben Moment tat sich ein Spalt im Fels auf, der große Stein begann sich zu drehen und öffnete das Tor zu einer Höhle. Die Räuberbande verschwand im Dunkeln und die Felstür schloss sich hinter den Männern.

Ali Baba verstand! Sie benutzen diese Höhle als Kammer für ihre Schätze! Er traute sich noch immer nicht aus seinem Versteck aus Angst, erwischt zu werden.

Wenige Minuten später öffnete sich erneut die Felstür, die Männer traten mit leeren Säcken heraus und der Anführer drehte sich zum Fels und rief: „Sesam, schließe dich!"

Und wie von Zauberhand schloss sich die Tür wieder! Mit lauten Worten bestiegen sie ihre Pferde und ritten davon!
Als die Staubwolke am Horizont nicht mehr zu sehen war, stieg Ali Baba vom Baum und ging neugierig auf die Felswand zu.
„Und wenn ich nun auch die Worte: ‚Sesam, öffne dich' spreche, was geschieht dann?", sprach er. Und schon tat sich vor seinen Augen abermals knirschend die Felstür auf! Mutig lief er in die Höhle.
Was sahen da nur seine Augen! Allah sei Dank! Welch ein Schatz! Es funkelte und glitzerte prächtig. Da lagen riesige Berge voller Gold, Silber, Schmuck und Edelsteinen. Ali Baba stand fassungslos da und staunte, während sich die Tür hinter ihm verschloss. Durch einen kleinen Felsspalt drang ein Lichtstrahl und Ali Baba überlegte: „Was, wenn ich jetzt alle Schätze mitnehme? Was mache ich, wenn mich die Räuber finden?"
Voller Angst widerstand er der großen Versuchung und nahm nur ein paar Goldstücke in seiner Manteltasche für seine hungerleidende Familie mit. Dann drehte er sich schnell zur Tür hin und sprach: „Sesam, öffne dich!", ging hinaus und lief rasch nach Hause.
Ali Baba zeigte seiner Frau stolz die Schätze. Diese rief vorwurfsvoll: „Ali Baba, bist du von Sinnen? Du bist unter die Diebe gegangen! Schäme dich!" Doch Ali Baba erzählte seiner Frau, wie sich alles zugetragen hatte. Erleichtert ging sie zu Cassims Frau und ließ das Gold wiegen. Doch das war ein Fehler. Cassim lauschte heimlich den Erzählungen der Frau und erfuhr, wie Ali Baba zu dem Reichtum gekommen war.
Sofort am nächsten Morgen machte sich Cassim heimlich auf den Weg zur Schatzhöhle. Gierig stand er am Eingang und haspelte die Worte: „Sesam, öffne dich!" Und die Tür öffnete ihm den Weg zur Höhle. Ohne nachzudenken, stopfte er drei Säcke voll mit Gold und Edelsteinen, ging zur Tür, denn er wollte schnell nach Hause reiten, und sprach: „Sinsal, öffne dich!", doch nichts geschah. „Sisal, öffne dich!" Wieder blieb die Tür verschlossen. Aufgeregt stotterte er allerlei Worte, doch es half nichts, er hatte das Zauberwort vergessen.
Zitternd lehnte er sich an die Wand der Höhle und betete zu Allah, er möge ihm helfen. Doch alles Beten war umsonst. Er musste die Nacht in der Höhle verbringen. Am nächsten Morgen kehrte die Räuberbande von einem Diebeszug zurück. Wie böse wurden die Räuber, als sie Cas-

sim mit vollgestopften Säcken in der Höhle sitzen sahen. Bebend vor Angst bettelte Cassim um sein Leben. Aber der Hauptmann war so böse, er schrie laut und schlug ihm ins Gesicht: „Woher weißt du unser Versteck? Wer hat es dir verraten?"

Und Cassim erzählte den Räubern die ganze Geschichte. Er hoffte, sie so zu besänftigen. Cassim glaubte, wenn er Ali Babas Namen verriet, würde er mit dem Leben davonkommen. Doch er täuschte sich. Der Räuberhauptmann stach einen Dolch in sein Herz.

Währenddessen wartete Cassims Frau ängstlich zu Hause und machte sich große Sorgen. In ihrer Verzweiflung bat sie Ali Baba um Hilfe: „Du musst Cassim finden! Hilf mir! Ich habe solche Angst um ihn. Er war die ganze Nacht über weg! Bestimmt ist ihm etwas zugestoßen!"

Ali Baba machte sich schnell auf den Weg zur Höhle, schaute sich vorsichtig um und sprach die Zauberworte. Als sich die Tür öffnete, sah er Cassim regungslos daliegen. Verzweifelt rief er: „Cassim, du Narr, deine Habgier brachte dir den Tod! Musstest du unbedingt gleich drei Säcke nehmen? Oh, warum nur warst du so unersättlich?" Weinend brachte er ihn auf seinem Esel zu seiner Frau nach Hause.

Derweil aber suchte der wütende Räuberhauptmann in der ganzen Stadt nach Ali Baba. Er wusste ja nun, dass Ali Baba ihr Versteck kannte, und wollte sich an ihm rächen.

(geeignete Stelle für eine Erzählpause)

Inzwischen hatte Ali Baba dank der Schätze in der Höhle ein prächtiges Haus mit einem wunderschönen Garten. Seine Geschäfte liefen gut und er war überall bekannt, so dass es dem Räuber nicht schwer fiel, ihn ausfindig zu machen. Doch er wollte sich geschickt anstellen. Verkleidet als vornehmer Herr bemühte er sich um eine Freundschaft mit Ali Babas Sohn. Was ihm natürlich auch gelang! Schon bald ging er in Ali Babas Haus ein und aus und speiste gemeinsam mit der Familie an einem Tisch. Nur Maradscha, die treue Dienerin, war misstrauisch. Irgendwie kam ihr der Mann böse vor. Sie traute ihm nicht über den Weg.

Eines Abends, als alle Männer am Tisch ausgelassen feierten, sah sie voller Entsetzen den Dolch, der aus des Räubers Umhang blitzte. Da verstand sie! Er war der Räuberhauptmann, der ihren Herrn seit langer Zeit suchte.

Sie musste schnell handeln, denn die Hand des Räubers lag ungeduldig am Dolch. Maradscha lief zur Küche und ergriff ein scharfes Messer und versteckte es unter ihrem Gürtel. Sie kehrte zu den Gästen zurück und fragte verführerisch: „Mein lieber Herr, darf ich euch und eurem Gast die Ehre erweisen und für euch tanzen?“

„Welch schöne Idee! Ja, Maradscha, tanze für uns!“ Ali Baba rief einen Diener, der ihre Tanzschritte auf dem Tamburin begleitete. Der Räuber musste sich noch ein wenig gedulden, bevor er seinen bösen Plan ausführen konnte.

Die Männer waren vom Tanz begeistert und klatschten voller Bewunderung Beifall. Maradscha tanzte schneller und schneller. Sie drehte sich anmutig und wirbelte ihre Haare umher. So zog sie die Zuschauer in ihren Bann. Deshalb bemerkte auch keiner, als Maradscha zu ihrem Messer griff und ihn in das Herz des Räuberhauptmanns stieß. Dieser sank regungslos zu Boden.

Ali Baba blickte seine Dienerin entsetzt an. Doch diese bat Ali Baba flehend: „Allah, ich habe es für euch getan, mein Herr. Seht doch, dies ist der Räuberhauptmann, der euch schon lange Zeit Böses tun wollte. Bitte bestraft mich nicht!“

Da erkannte Ali Baba, wer der Mann war. Er dankte Maradscha für ihre aufopferungsvolle Hilfe. „Du bist eine treue Dienerin. Du hast mir das Leben gerettet. Ich bin dir zu tiefstem Dank verpflichtet.“ Als Anerkennung dafür willigte er der Hochzeit seines Sohnes mit der wunderschönen Maradscha ein, schenkte ihnen ein prächtiges Haus und viele Schätze.

Viele Jahre später, als Ali Baba sehr alt war, gab er sein kostbares Geheimnis an seinen Sohn weiter. So wurde die Höhle über Generationen weitervererbt und bringt bis zum heutigen Tag Wohlstand in Ali Babas Familie.

Die Nacht neigte sich dem Ende zu und der Tag kündigte sein Erwachen an, als Scheherazade schwieg.

Schahrirar war begeistert: „Welch spannende Geschichte! Der Mut dieser treuen Dienerin musste wahrlich belohnt werden. Erzähl mir mehr!“

„Das werde ich. Aber erst morgen Abend. Ihr müsst euch gedulden und dürft mich nicht wegschicken. Dann habe ich eine lustige Geschichte über einen neugierigen Kalifen“, bat sie ihn hoffnungsvoll.

Schahrirar stimmte zu: „So soll es sein, bleibe bei mir und erzähle mir am nächsten Abend vom Kalifen!“

Und so erzählte Scheherazade in der nächsten Nacht von Kalif Storch.

Sesam, öffne dich!

Ali möchte unbedingt in die Höhle der Räuber. Doch bevor er eintreten kann, muss er mit dem passenden Zauberspruch das selbst gemachte Felsentor öffnen.

Alter: ab 3 Jahren
Material: 1 großes Leintuch, Schere, Reißnägel, Plakafarbe, Pinsel, ca. 10 m Paketschnur, große, leere Garnspule, 2 Hakenschrauben

Eine Tür, hinter der sich eine Schatzhöhle oder der 1001-Nacht-Raum (➜ S. 11) befindet, dient als Felsentor.

- Das Leintuch in der Größe des Türrahmens zuschneiden.
- Das Tuch mit Plakafarben in Form eines Felsens, evtl. mit einem Busch davor, bemalen.
- Das Leintuch mit Reißnägeln oberhalb des Türrahmens an der Wand befestigen.
- An die unteren Ecken des Leintuches mit der Schere jeweils ein kleines Loch schneiden.
- Durch diese Löcher jeweils eine fünf Meter lange Paketschnur knoten.
- Ein weiteres Stück Paketschnur (je nach Deckenhöhe) durch die Garnspule fädeln und mit Reißnägeln in Form eines U so aufhängen, dass sich die Rolle in Höhe des Türrahmens mit ca. 20 cm Abstand befindet.
- Diese Garnspule dient als Seilzug, denn die Paketschnüre des Leintuches werden über die Spule gefädelt und an den Enden miteinander verknotet.
- In Kinderhöhe außerhalb und innerhalb des Raumes neben dem Türrahmen Haken anbringen.
- Dort die Schnur innen oder außen befestigen.

Möchte Ali Baba die Höhle betreten, sagt er seinen Zauberspruch, nimmt die Schnur vom Haken, zieht daran und das „Felsentor" öffnet sich zum Eintritt. Die Schnur wird in der Höhle am Haken angebracht, um sie für den Austritt der Höhle wieder griffbereit zu haben.

Der verflixte Zauberschlüssel

Ali hat gut aufgepasst und sich den Zauberspruch „Sesam, öffne dich!" gemerkt. So kommt er unbemerkt in die Höhle! Bei diesem Spiel muss so schnell wie möglich der richtige Zauberschlüssel gefunden werden, damit man die Schatzhöhle betreten darf.

Alter: ab 3 Jahren
Material: brauner Pappkarton, Schere, Klebstoff, Glitzer, Paketschnur, Sanduhr; evtl. Augenbinde

Vorbereitung

- Einen Schlüssel von ungefähr 10 cm Größe auf Pappkarton zeichnen und ausschneiden. Das ist der Schatzschlüssel.
- Diesen Schlüssel noch einmal auf Pappkarton zeichnen und ausschneiden.
- Weitere zehn Schlüssel, die sich nur minimal vom Schatzschlüssel unterscheiden, auf dieselbe Weise herstellen.
- Einen der beiden Schatzschlüssel mit Glitzer bestäuben, bekleben und so kennzeichnen.
- Alle anderen Schlüssel und die Kopie des Schatzschlüssels mit Paketschnur zu einem lockeren Schlüsselbund verknoten.

Spielverlauf

Der jüngste Zauberlehrling schaut sich den Zauberschlüssel so lange an, bis alle anderen Lehrlinge bis zehn gezählt haben. Die Spielleitung dreht die Sanduhr. Nun hat der Lehrling drei Möglichkeiten, den richtigen Schlüssel am Schlüsselbund, der exakt dieselbe Form und Größe des Zauberschlüssels hat, zu finden. Die Sanduhr läuft.
Schafft der Lehrling dies innerhalb dieser Zeit, darf er die Schatzhöhle betreten. Wenn nicht, hat er zwei weitere Versuche. Scheitert er auch beim dritten Versuch, bleibt ihm der Eintritt verwehrt und er versucht sein Glück später noch einmal.

Variante für Ältere

Geübten Zauberern ab 6 Jahren werden die Augen verbunden. Diese müssen blind den richtigen Schlüssel ertasten!

Schätze in der Höhle

Oje! Ali Baba hat den Eintritt in die Höhle geschafft, aber es ist stockfinster! Wie soll er da die Schätze finden? Doch ein kleiner Lichtstrahl dringt durch einen Spalt im Felsen. Hilft ihm dieser Strahl, um sich in der Finsternis zurecht zu finden und die Schätze zu greifen?

Alter: ab 5 Jahren
Material: Schwarzlichtlampe, 10 weiße DIN A4-Blätter, 1 Sack, 1 Sanduhr

Vorbereitung

Ein abgedunkelter Raum wird zum Spielfeld. Die Schwarzlichtlampe so anbringen, dass sie möglichst alle Ecken und Winkel der Höhle ausleuchtet. Zehn unterschiedlich große „Schatzsteine" aus zerknülltem Papier herstellen und in den abgedunkelten Raum legen. Sie sollten mit Hilfe des Schwarzlichtes gut sichtbar sein.

Spielverlauf

Das Kind, das am schnellsten Alis Zauberspruch „Sesam, öffne dich!" sagen kann, beginnt. Es betritt mit dem Sack in der Hand den Raum und sucht möglichst viele Schatzsteine in der Zeit, in der die Sanduhr läuft.
Ist die Zeit abgelaufen, werden alle Steine gezählt und der Nächste ist an der Reihe.
Das Kind, das die meisten Steine sammeln konnte, gewinnt!

Variante

Dieses Spiel kann mit „Der verflixte Zauberschlüssel" (→ S. 57) kombiniert werden. Der Zauberlehrling, der den passenden Schlüssel gefunden hat, darf sich auf die Suche nach den Schatzsteinen machen.

Die Magie des Bauches

Maradscha verzaubert den Räuberhauptmann mit einem sinnlichen Tanz, bei dem ihm ganz schwindelig wird.

Alter: ab 5 Jahren
Material: 20 Kronkorken, 5 Glöckchen, 1 Nagel, 1 Hammer, Unterlage (z. B. altes Holzbrett), dreieckiges Tuch mit Fransen (alternativ: dreieckiger bunter Stoff mit eingeschnittenen Fransen)

- Auf einer Unterlage in jeden Kronkorken mit Hammer und Nagel ein Loch schlagen.
- An die Fransen des Halstuches Kronkorken und Glöckchen knoten.

Bei Tänzerinnen, die dieses Tuch um die Hüfte binden, wiegt das Klimpern im Takt der Musik und die Glöckchen tanzen im Rhythmus.

Variante

Auf diese Weise können auch Tücher als orientalischer Schulterumhang oder für den Kopf hergestellt werden.

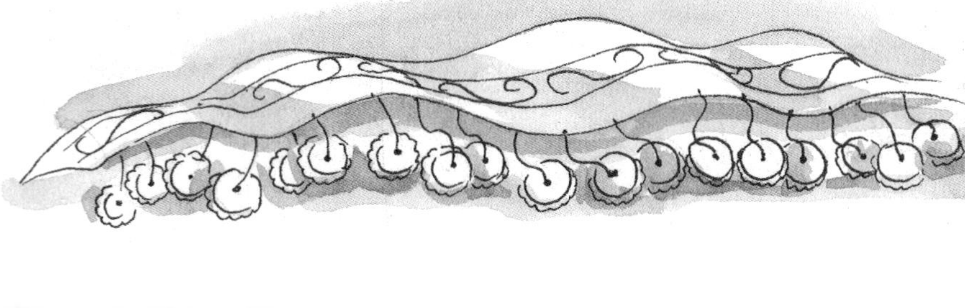

Bauchtanzlied

Nr. 4

Musik: Thorsten Wadowski & Qusai Zureikat | Text: Thorsten Wadowski

Maradscha tanzt sich schwindelig, um Aladin, ihrem Herrn, das Leben zu retten.
Dieses Lied lädt allerlei dicke und dünne, große und kleine, feste und schwabbelige Bäuchlein ein, um mit der schönen Dienerin ein Tänzchen zu machen.

1. Jeder Mensch auf dieser Welt hat auch einen Bauch,
der verdaut für dich die Pommes und die Pizza auch.
An dem hing schon als Baby einst der Nabelschlauch,
an deinem schicken, dicken oder kleinen, feinen Bauch.

2. Doch meistens guckt der Bauch gelangweilt unterm T-Shirt raus
und knurrt laut: „Wie öde, das Leben ist ein Graus!"
Immer nur verdauen, oh Mann, oh Mann, oh Mann.
Weiß denn wirklich keiner, was ich alles kann:

Refrain
Ich kann tanzen, tanzen wie ein wildes Huhn.
Ich dreh' mich wild im Kreise so wie ein Taifun.
Ich kann tanzen, tanzen, das ist doch gar nicht schwer.
Ich springe wie ein Wackelpudding immer hin und her.

1. Zwischenspiel
Nur wenn ich mal tanzen darf, dann will ich nicht mehr klagen,
und dein dickes Eis, das liegt mir nicht mehr schwer im Magen.

3. Mancher hat ein kleines Bäuchlein, zart wie eine Rose.
Und mancher hat 'ne Kugel, die steht auf der Hose.
Mancher trägt im Bauchnabel teure Silberlinge.
Wieder andre Bäuche, die bilden selber Ringe.

4. Doch meistens guckt der Bauch gelangweilt unterm T-Shirt raus
und knurrt laut: „Wie öde, das Leben ist ein Graus!"
Immer nur verdauen, oh Mann, oh Mann, oh Mann.
Weiß denn wirklich keiner, was ich alles kann:

Ich kann tanzen, tanzen …

2. Zwischenspiel
Es gibt so viele Bäuche, doch der schönste Bauch der Welt
ist der, den man sich den ganzen Tag vor Lachen hält.

… tanzen, tanzen wie ein wildes Huhn …

✧ Bauchtanz

Die Kinder begleiten das Lied mit einem Bauchtanz. Sie stellen sich im Kreis auf und klatschen bei den Strophen kräftig mit. Dabei tanzen sie abwechselnd nach rechts bzw. nach links. Beim Refrain bleiben alle auf der Stelle stehen, schwingen ihre Hüften und schlängeln dabei die Arme in die Höhe.

Geheimnisvoll leuchtende Kristalltänze

Alter: ab 3 Jahren
Material: ausgespülte Gurkengläser, bunter Salzkristall (➜ S. 35), LED-Teelicht, Bast, 1 abgedunkeltes Zelt oder der orientalische Raum (➜ S. 11), CD-Player, „Räubertanz‘ (Nr. 12, ➜ S. 115)
Vorbereitung: In das Marmeladenglas das leuchtende LED-Teelicht und den Salzkristall geben. Bast dient als Dekoration.

Im abgedunkelten, orientalischen Ambiente findet der leuchtende Tanz statt.

✧ **Shalom-Tanz**

„Shalom“ ist das hebräische Wort für „Guten Tag“.

Die Kinder bewegen sich mit ihrem Leuchtglas langsam zur Musik im Raum. Dreht die Spielleitung die Klänge leiser, gehen die Kinder auf ein anderes Kind zu, verneigen sich langsam und sagen „Shalom“. Dies wird so lange wiederholt, bis sich alle Kinder begrüßt haben.

✧ **Sufi-Tanz**

Die Sufis drehen sich so lange im Tanz, bis sie in Ekstase fallen und dadurch (angeblich) Glückseligkeit erreichen. Der Körper ist wie ein Wirbelsturm, doch in der Mitte herrscht Ruhe.

- ✧ Zur Musik stellen sich die Kinder mit ihrem Leuchtglas in einem gekennzeichneten Kreis auf.
- ✧ Wie ein Kreisel beginnen sie sich zu drehen, mal schneller, mal langsamer.
- ✧ Sie gehen auf der Kreislinie vorwärts, rückwärts und seitwärts.
- ✧ Sie gehen in die Knie und halten die Lampe in die Höhe und drehen sich dabei.
- ✧ Diese Bewegungen wiederholen sie so lange, bis die Musik verklingt.

Das Lied von den 40 Räubern

Nr. 11

Musik: Thorsten Wadowski & Qusai Zureikat | Text: Thorsten Wadowski

Die Räuberbande ist wieder unterwegs und versetzt die Stadt in Angst und Schrecken! Die Räuber ziehen durch die Gassen in einer Schlange, machen dabei fiese Gesichter, furchterregende Bewegungen und singen von ihren bösen Taten.

Guten Tag!	*Kinder stehen nebeneinander in einer Reihe*
Hände hoch!	*Hände hoch*
Das ist ein Überfall! Wir wollen jetzt sofort 40 Lutscher mit Bananengeschmack oder es knallt!	*Zeigefinger und Daumen zu einer Pistole formen*
Oh Gott, die 40 Räuber! Hilfe, die 40 Räuber!	
Refrain	
Wir sind die 40 Räuber, was ein jeder weiß.	*In einer Schlange im Kreis stampfen*
Wir rauben aus der Eisdiele 40 Kugeln Eis.	
Und von der Pommes-Bude 40 Mal Pommes frites.	
Und willst du auch ein Räuber sein, dann komm doch einfach mit.	*Beim Freestyle auf der Stelle stehen und klatschen*

1. Jeden Morgen steh'n wir auf, alle 40 Mann,	
und ziehen uns're 80 Räuberstiefel an.	*Pantomimisch Stiefel anziehen*
Dann reiten wir mit 40 Kamelen durch das Land	*Pantomimisch im Kreis reiten*
auf 160 Hufen, das ist doch allerhand.	
Refrain	
Wir sind die 40 Räuber …	*In einer Schlange im Kreis stampfen*
2. Mittags rauben wir 40 Limos für den Durst	*Pantomimisch trinken*
und danach vom Metzger 40 Scheiben Wurst.	*Pantomimisch essen*
Dann rauben wir den Bäcker aus und rufen ganz verwegen:	
„Sesambrötchen, öffne dich! Wir wollen dich belegen!"	
Refrain	
Wir sind die 40 Räuber …	*In einer Schlange im Kreis stampfen*
Zwischenspiel	
Und abends müssen wir die 40 Säbel schärfen.	*Pantomimisch einen Säbel schärfen*
Ein Räuber, der nichts raubt, der raubt dir nur die Nerven.	*Kopf schütteln*
Drum komm mit uns, mein Freund, und raube immer fleißig,	*Einladende Bewegung machen*
denn ohne dich geht's nicht, da wär'n wir nur noch 39.	
Dann müsste man alle Bücher umschreiben, wie öde.	
Ali Baba und die 39 Räuber das klingt ziemlich blöde.	*Mit dem Zeigefinger an die Stirn tippen*
Wir sind die 40 Räuber …	*In einer Schlange im Kreis stampfen*

Massageöl

Die treue Dienerin Maradscha verwöhnt Ali Baba nach allen Sinnen der Kunst. Mit ihrem selbst gemachten Massageöl kann sich ihr Herr wunderbar entspannen.

Alter: ab 4 Jahren
Material: 80 ml Olivenöl, 3 ml Rosenholzöl, 3 ml Orangenöl aus biologischer Herstellung, kaltgepresst, Fläschchen zum Abfüllen; evtl. Körperglitzerstaub

Alle Öle miteinander vermischen und in das ausgespülte Fläschchen füllen.

Variante
Das Massageöl wird zum funkelnden Hingucker, wenn in das Ölgemisch etwas Körperglitzerstaub gegeben wird, z. B. für den Bauchtanz (➜ S. 60). Dieses kann man an Händen, Füßen und am Bauch einmassieren.

Maradschas Fußmassage

Passend zum Gedicht massieren sich die Kinder gegenseitig.

Alter: ab 4 Jahren
Material: Massageöl (➜ S. 64)

Ein Kind sitzt auf einem Stuhl mit nackten Füßchen, das andere sitzt im Schneidersitz davor. Die Spielleitung tröpfelt allen „Masseuren" etwas Massageöl in die Hände. Die Kinder massieren nach Vorgabe des Gedichtes wie Maradscha.

Ali, reich deine müden Füße mir,
beleben möchte ich sie dir.
Sanft streiche ich das Öl nun ein,
die Füße werden zart und fein.
Riechst du den Duft in deiner Nase,
sacht ich dir Wind auf die Füße blase.
Mein Herr, ich drücke leicht den großen Zeh,
alle anderen auch, das tut nicht weh.
Meine Finger wandern über deine Waden.
Auch den Fersen wird ein leichter Druck nicht schaden.
Erhol dich von der Räuber Wut.
Die Massage tut dir sicher gut.
Zum Schluss drück ich die Ballen schwach
und kitzel frech deine Zehen wach.

Kalif Storch

Im fernen Bagdad herrschte der Kalif Kasid in einem prachtvollen Palast. Eines Tages kam sein Wesir Omar mit traurigem Blick zu ihm und jammerte: „Ich bin ja so unglücklich. Unten steht ein Händler mit wunderschönen Sachen. Ich würde mir so gerne etwas kaufen, doch mein Geld reicht dafür nicht aus."

Der Kalif hatte Mitleid mit seinem Wesir. Er forderte ihn auf: „Omar, lauf rasch hinab und bringe den Händler zu mir. Er soll seine Ware zum Besten geben."

Wenige Minuten später trat hinter Omar ein kleiner, buckliger Mann hervor. Seine Haut war dunkel gefärbt und sein Bauch quoll über den Gürtel. Aufgeregt hüpfte er von einem Bein zum anderen und zeigte stolz seine Ware: Armbänder, Halsketten, Ringe, Truhen, Perlen, Kämme und allerlei Kostbarkeiten. Nach langem Stöbern schenkte der Kalif seinem Wesir großzügig ein Armband für dessen Frau.

Da fiel Kasid ein besonders schönes Kästchen auf. Der Händler öffnete dieses für den Kalifen und zeigte ein schwarzes Pulver und einen Zettel mit einer eigenartigen Schrift. Der Händler selbst konnte den Text nicht lesen, aber auch Kasid und Omar waren dieser Sprache nicht mächtig. Der Kalif erwarb das Kästchen und ließ es von einem Schriftgelehrten übersetzen. Dieser studierte lange den Text und las dann schließlich stotternd vor: „Schnuppere an dem Pulver und sprich dabei das Zauberwort MUTABOR, so verwandelst du dich in ein Tier und verstehst auch deren Sprache. Wenn du wieder ein Mensch sein möchtest, beuge dich dreimal tief nach Osten und sprich abermals das Zauberwort MUTABOR. Doch sei vorsichtig! Du darfst, wenn du ein Tier bist, niemals lachen! Tust du es doch, bleibst du für immer ein Tier!"

Kalif und Wesir machten große Augen, als sie die Worte hörten. Kasid bedankte sich und befahl, das Geheimnis für sich zu bewahren. Der Schriftgelehrte verabschiedete sich ehrwürdig.

Sofort schmiedete der Kalif voller Vorfreude Pläne für den nächsten Morgen. „Omar, wir treffen uns im Morgengrauen am Teich in meinem Palastgarten. Dann wollen wir mal sehen, was die Tiere so alles von sich geben!", sagte er und rieb sich erwartungsvoll die Hände.

In aller Frühe trafen sich die beiden Männer am Wasser. Kasid trug das Kästchen mit dem Pulver freudig in seiner Hand. „Omar, in welches Tier möchtest du dich verwandeln?", fragte der Kalif neugierig. Der Wesir zeigte auf einen Storch, der klappernd herumstolzierte und nach Nahrung suchte. Ein weiterer Storch flog auf ihn zu. „Zu gern würde ich wissen, was die beiden nun zu besprechen haben!"

Kasid war mit Omars Vorschlag einverstanden und öffnete das Kästchen. Aufgeregt stotterte der Kalif: „Bei d … d … d … drei schnuppern wir und sprechen gemeinsam! Eins, zwei, d … d … d … drei! Aber vergiss nicht, wir dürfen nicht lachen!“
Jeder zog eine Brise des Pulvers die Nase hoch und zusammen sagten sie geheimnisvoll: „MUTABOR!“
Im Handumdrehen wuchsen den beiden vornehmen Herren dünne rote Beine, ein spitzer Schnabel und weißes Gefieder. Erstaunt bewunderten sie sich gegenseitig. Ja, sie sahen wahrlich aus wie zwei Störche! Nun lauschten sie mit gespitzten Ohren der Unterhaltung der beiden anderen Störche.
Die Storchenfrau sprach aufgeregt: „Ich bin als Tänzerin engagiert beim Ball der Frösche. Ich muss dringend meine Schritte üben, möchtest du mir dabei zusehen?“ Bewundernd staunte der Storchenmann über die graziöse Tanzeinlage. Sie drehte sich, flatterte mit den Flügeln und stand schließlich auf einem Bein.
Kasid und Omar schauten aus einiger Entfernung der Storchendame zu, doch als sie dazu noch in den höchsten Tönen zu singen begann, prusteten die beiden gedankenverloren los. Sie krümmten sich vor Lachen. Doch Omar war plötzlich still: „Oh Herr, was haben wir getan, wir durften doch nicht lachen!“
„Ach was, das war doch nicht so schlimm. Komm her, wir verbeugen uns nach Osten und sprechen das Zauberwort: Ma … Mu … Mo … Omar, sag du das Zauberwort!“, rief der Kalif hastig.
„Mir fällt es ebenso wenig ein!“, erwiderte der Wesir ängstlich.
So kam es! Der Zauber war nicht rückgängig zu machen! In ihrer Verzweiflung liefen sie kreuz und quer über Wiesen und Felder. Zurück in die Stadt konnten sie natürlich auch nicht. Niemand in ganz Bagdad würde ihnen diesen Zauber abnehmen. So flogen sie eine lange Zeit über die Mauern und Dächer der Stadt und beobachteten das Treiben der Menschen.

(geeignete Stelle für eine Erzählpause)

Eines Tages sahen Kasid und Omar, wie sich um den Palast des Kalifen viele Leute versammelten. Die Leute jubelten, trommelten und klatschten. Sie hießen den neuen König von Bagdad willkommen.

Entsetzt rief Kasid: „Oh nein, Omar, das ist der Mann, der böse Zauberer Sasa. Er hat uns verzaubert! Er will in meinen Palast ziehen! Dieser gemeine Kerl!“
Aufgelöst flogen die beiden zu einer Ruine, um sich zu beraten. Ihre Flügel schmerzten und die Wut über den Zauberer schnürte ihnen die Kehle zu. Erschöpft legten sie ihre Köpfe ins Gefieder, bis Omar plötzlich aufschreckte: „Kasid, wach auf! Hörst du nicht auch dieses Wimmern. Wir sind nicht alleine. Ich habe schreckliche Angst!“
Der Kalif folgte mutig der weinenden Stimme in einen anderen Raum, Omar tapste mit sicherem Abstand hinterher. Da sah er auf dem steinigen Boden eine Eule sitzen. Die Tränen kullerten über ihre Wangen und sie schluchzte tief, als sie die beiden Störche sah: „Ihr könnt sprechen? Zwei Störche? Ihr seid meine Rettung! Ihr werdet meinen Zauber aufheben können! Was bin ich froh!“
„Verzeiht, liebe Eule! Ich kann eurer Begeisterung nicht ganz folgen. Ich verstehe nicht!“, sagte der Kalif verwundert.
„Ich erzähle euch meine Geschichte, dann werdet ihr verstehen!“, antwortete sie geheimnisvoll.
„Mein Name ist Trusha, ich bin die Tochter des Königs von Indien! Eines Tages kam der Zauberer Sasa in unseren Palast und bat Vater um meine Hand. Ich sollte den bösen Zauberer heiraten. Da wurde Vater so wütend, dass er ihn aus dem Palast werfen ließ und ihn in die karge Wüste Arabiens verbannte. Doch der Zauberer kam in einer anderen Gestalt zurück. Er bot uns heilende Getränke an und ich kostete davon. Da lachte der böse Zauberer furchtbar und rief: ‚Bis ans Ende deiner Tage sollst du hässlich und unglücklich bleiben. Der Zauber löst sich, wenn du jemanden findest, der ebenfalls verwandelt ist und dich heiraten will. Er muss dich küssen und dir die Treue schwören! Doch wer will schon einen so hässlichen Vogel haben? Ha ha ha‘, schallte es, während er schnell fortlief. Einen Augenblick später verwandelte ich mich in eine Eule. Aus Scham flog ich von zu Hause fort und versteckte mich. Und so sitze ich nun schon Jahre hier. Aber jetzt seid ihr ja da. Ihr werdet mich retten!“
„Eine spannende Geschichte!“, erwiderte der Kalif nachdenklich. „Doch so höre dir unsere Geschichte an. Auch wir sind Opfer des bösen Zauberers Sasa geworden.“ Und sie erzählten ihre Geschichte.
Kaum hatten die beiden Störche zu Ende erzählt, sprach die Eule aufgeregt: „Ich weiß, wie ich uns retten kann! Hört mir zu! Jeden Montag trifft sich der Zauberer Sasa mit seinen Freunden hier auf der Ruine. Großspurig erzählt er dann von seinen neuen Untaten. Und heute ist Montag! Vielleicht haben wir Glück und Sasa verrät uns euer Zauberwort! Dann seid ihr gerettet! Doch auch ich möchte zurückverwandelt werden! Ihr müsst mir versprechen, mich zu küssen und zu heiraten. So werde auch ich wieder ein Mensch und alles wird gut!“

Kasid und Omar tauschten verwirrte Blicke und zogen sich in einen anderen Raum der Ruine zur Beratung zurück. Omar bettelte: „Kasid, ihr müsst sie heiraten! Was würde meine Frau sagen!“ Kasid antwortete entsetzt: „Doch was, wenn die Prinzessin hässlich ist?“ Nach kurzem Zögern sprach er weiter: „Ich werde es tun. Ich werde uns alle retten!“
Als sie zur Eule zurückkehrten, willigten sie dem Handel ein. Und tatsächlich erschien der böse Zauberer und verriet seinen Freunden großspurig das Zauberwort MUTABOR.
Das war es! MUTABOR! Kasid und Omar flüsterten das Wort so lange, bis der Zauberer mit seinen Freunden verschwunden war. Sofort stellten sie sich Richtung Osten, schnupperten vom schwarzen Pulver, verbeugten sich dreimal tief und sagten: „MUTABOR“. Einen Moment später nahmen sie wieder Menschengestalt an! Erleichtert hüpften sie vor Freude auf und ab!
Doch nun galt es, die Prinzessin von ihrem Zauber zu erlösen. Kasid hielt sein Versprechen. Langsam schritt er auf die Eule zu, beugte sich hinab, gab ihr einen Kuss und hielt um ihre Hand an. Vor Spannung kniff der Kalif seine Augen fest zu – so lange, bis ihn Omar gedankenverloren am Arm zerrte und andächtig flüsterte: „Oh Herr, seht doch!“
Kasid öffnete die Augen und konnte den Blick nicht abwenden. Aus der hässlichen Eule war eine wunderschöne Prinzessin geworden. Ihre braunen Augen funkelten geheimnisvoll und zogen den Kalifen in ihren Bann.

(geeignete Stelle für eine Erzählpause und das „Liebeslied Eule & Storch“, → Nr. 6)

Gemeinsam reisten die drei zurück nach Bagdad. Die Menschen dort staunten über die Ankunft des Kalifen und waren froh, dass ihr guter Herrscher wieder zurück war. Freudig begrüßten sie ihn. Der böse Zauberer wurde vom Schloss verbannt und man sah ihn nie wieder. Omar war glücklich, als er wieder in den Armen seiner Frau war. Und der Kalif und die bezaubernde Prinzessin Trusha feierten gemeinsam mit dem König von Indien ein berauschendes Hochzeitsfest!

Die Nacht neigte sich dem Ende zu und der Tag kündigte sein Erwachen an, als Scheherazade schwieg.
Schahrirar flüsterte: „Ich habe noch nie einer solch schönen Geschichte gelauscht! Du erzählst spannende Geschichten aus geheimnisvollen Welten!“
„Schick mich nicht weg, dann verspreche ich dir, eine noch schönere Geschichte mit einer geheimnisvollen Wunderlampe zu erzählen!“, flehte sie ihn an. Schahrirar stimmte zu: „So soll es sein, ich schenke dir einen weiteren Tag!“
Und so erzählte Scheherazade in der nächsten Nacht von Aladin.

Liebeslied Eule & Storch

Nr. 6

Musik: Thorsten Wadowski & Qusai Zureikat | Text: Thorsten Wadowski

Das Liebeslied handelt von der großen Zuneigung zwischen dem Storch und der Eule.

Eule: 1. Ich sah manchen komischen Vogel auf der Welt:	*Finger an den Kopf tippen*
Zebrafink, Papagei, Kakadu,	
doch ich fand nicht einen, der mir gefällt	*Kopf schütteln, Arme ausstrecken*
und mein Eulenherz rührte, Schuhuuuuuuu!	*Beide Hände ans Herz legen*
Storch: Und ich stand allein auf einem Bein	*Auf einem Bein stehen*
und fragte mich: „Was wird im Leben nur sein?“	*Kopf schütteln, Arme ausstrecken*
Und hab' meine Storchenzeit vertan	
als Zugvogel in der Eisenbahn.	*Hinsetzen, auf die „Armbanduhr“ sehen*

Eule: „Aber Zugvögel fahren doch gar nicht mit dem Zug?!“

Kopf schütteln

Storch: „Oh, ich bin ja so verwirrt!“

Hände an die Wangen, traurig schauen

Eule & Storch: Schuhu, Schuhu, Schuhu, Klapper, Klapper.
Schuhu, Schuhu, Schuhu, Klapper, Klapper.

Hände rufend neben den Mund, Hände gestreckt zusammenklatschen (2 ×)

Eule: Ich krieg' den ganzen Tag kein Eulenauge zu und der Grund bist du – Schuhu.

Augen reiben, mit dem Finger auf den Storch zeigen, Hände rufend neben den Mund

Storch: Wann liegst du endlich in meinen Flügelarmen?

Arme ausstrecken

Ich klapper, klapper, klapper immerzu nur deinen Namen.

Hände gestreckt zusammenklatschen

Eule & Storch: Schuhu, Schuhu, Schuhu. Klapper, Klapper.
Schuhu, Schuhu, Schuhu, Klapper, Klapper.

Hände rufend neben den Mund, dann Hände gestreckt zusammenklatschen

Schuhu, Klapper, Klapper, mit dir will ich alles tun:
Schnäbeln, Mausern, Scharren, Plustern, ohne auszuruh'n.

Nase rümpfen, Hände scharren

Refrain
Wie lang sucht' ich die Liebe schon vergebens!
Komm und sei die Eule meines Lebens!

Beide Hände aufs Herz legen

Und du sei mein Ehestorch. Ja, ich bin so frei!
Mit dir will ich nisten. Ich will von dir ein Ei!

sich die Hände reichen und tanzen

Schuhu, Schuhu, Schuhu …

Storch: 2. Komm mit mir nach Haus, hinterm grünen Forst, — *Haus in die Luft malen*
auf dem Haus vom Horst, da hab ich meinen Horst.
Ich lade dich zum Essen ein und fang dir einen Lurch — *Lurch pantomimisch fangen*
und grille ihn im Sonnenschein von allen Seiten durch. — *Lurch über dem „Feuer" drehen*

Schuhu, Schuhu, Schuhu …

Eule: Und zum Frühstück kommst du mit zu mir in meinen Eulenturm — *Turm in die Luft malen*
und ich würge dir aus meinem Kropf 'nen leckren Regenwurm. — *Regenwurm pantomimisch aus dem Mund ziehen*

Wie lang sucht' ich die Liebe schon vergebens … — *Hände aufs Herz legen …*

Eule & Storch: Ich kann schon nicht mehr schlafen, weil ich dich so mag.
Ich hock' die ganze Nacht lang wach … — *Gemeinsam in die Hocke gehen*
… und ich den ganzen Tag. — *Aufstehen, Hände reichen, im Kreis drehen*

Variante
Die Kinder begleiten das Lied mit Bewegungen passend zum Text. Ein Kind übernimmt die Rolle der Eule, das andere stellt den Storch dar. Beide Gefieder stehen sich gegenüber.

Balztanz zwischen Eule und Storch

Kasid und Trusha begegnen sich in der Ruine. Und was als Zweckbeziehung zwischen der Eule und dem Storch anfängt, endet in einer großen Liebe.

Alter: ab 3 Jahren
Material: abgedunkelter Raum, Storchenschnäbel (➔ S. 75), Blinkende Eulen (➔ S. 77)

Die Hälfte der Kinder verkleidet sich mit Schnäbeln als Storch. Die andere Hälfte nimmt jeweils eine blinkende Eule zur Hand. Im abgedunkelten Raum stehen sich Eulen und Störche gegenüber und führen die Bewegungsanweisungen des Gedichtes, das die Spielleitung spricht, durch.

Der Storch tritt aufgeregt auf seinen Füßen, denn er will die Eule begrüßen.	*Storch tritt auf den Füßen hin- und her*
Die Eule verneigt sich tief und elegant und reicht ihm auch sogleich die Hand.	*Eule verneigt sich tief, das Glas vor sich haltend* *beide reichen sich die Hand*
Gemeinsam drehen sie sich im Kreis, da wird's den Zweien richtig heiß.	*beide drehen sich im Kreis*
Der Storch stolziert auf seinen Zehen. Und ruft: „Schau, Eule, kannst du's sehen?"	*Storch geht auf Zehenspitzen* *Storch ruft*
Die Eule spricht: „Ja, du wunderschöner Mann, doch schau her, was ich schon kann!"	*Eule spricht*
Sie fliegt hoch und tief einmal umher, das fällt ihr sichtbar gar nicht schwer.	*Eule geht und hält dabei Eulenglas hoch und tief*
Gemeinsam setzen sie sich ins Gras, kitzeln sich und rufen: „So ein Spaß!"	*Beide setzen sich auf den Boden, Eule stellt Glas vor sich ab* *beide kitzeln und rufen*
Die Eule kichert: „Jetzt ist Schluss!" Schnell gibt ihr der Storch 'nen Kuss.	*Eule kichert und spricht* *beide küssen sich*

Sobald Text und Bewegungen den Kindern vertraut sind, sprechen alle gemeinsam. Die Rollen werden immer wieder getauscht.

Storchstelzen

Alter: ab 6 Jahren
Material: pro Kind 2 leere, gleich große Konservendosen, Schmiergelpapier, Dosenöffner, 2 Schnüre (je 1 m lang)

- ✧ Die Ränder der Konservendosen mit Schmiergelpapier glattschleifen, damit sich niemand verletzen kann.
- ✧ Die Dosen mit der Öffnung nach unten auf den Boden oder eine feste Unterlage stellen.
- ✧ Mit dem Dosenöffner zwei gegenüber liegende Löcher in den Boden der Dosen stanzen.
- ✧ Jeweils eine Schnur durch die beiden Löcher fädeln.
- ✧ Im Inneren der Dose an den Enden der Schnur dicke Knoten machen, sodass die Schnur nicht durch die Löcher rutschen kann.

Um wie Störche zu laufen, stellen sich die Kinder mit den Füßen auf jeweils eine Dose, fassen an der dazu gehörigen Schnur, spannen diese und gehen langsam Schritt vor Schritt.

Storchenschnabel

Alter: ab 3 Jahren
Material: roter Fotokarton, Schere, Klebstoff, Locher, Gummifaden

- ✧ Die Vorlage (s. u.) in gewünschter Größe auf roten Fotokarton übertragen und ausschneiden.
- ✧ Die Form in eine Kegelform bringen und mit Klebstoff zusammenkleben.
- ✧ Zwei einander gegenüber liegende Löcher stanzen.
- ✧ In der Größe des Kinderkopfes ein Stück Gummifaden abschneiden und an den Löchern verknoten.
- ✧ Den Schnabel über die Nase stülpen.

Storchsalat

Der böse Zauberer möchte selbst Kalif werden und macht alles, damit Kasid für immer ein Storch bleibt. Dabei muss er nur die verwandelten Störche zum Lachen bringen. Wer in den Bann des Zauberers fällt und lacht, bleibt ein Storch!

Alter: ab 4 Jahren
Material: 1 Zauberhut, Storchstelzen (➜ S. 75), Storchenschnäbel (➜ S. 75), 1 Schatzkistchen des Zauberers (➜ S. 78), Glitzerstaub, 1 Löffel
Vorbereitung: Storchstelzen und Storchenschnäbel in einer Ecke für alle Kinder bereitlegen. Glitzerstaub in das Schatzkistchen geben.

Ein Kind wird zum Zauberer ernannt und setzt den Zauberhut auf den Kopf. Es stellt sich in die Mitte des Raumes. Alle anderen Kinder stehen im Kreis um ihn. Der Zauberer nimmt die Schatzkiste, öffnet sie mit dem Zauberlöffel und spricht:

„Liebe Kinder, tretet hervor,
zu Störchen verwandle ich euch!
MUTABOR!"

Der Zauberer nimmt eine Brise Glitzerstaub und bläst ihn in die Luft.
Alle Kinder verwandeln sich geschwind in Störche. Sie ziehen einen Schnabel an, stellen sich auf die Storchstelzen und versammeln sich wieder um den Zauberer herum im Kreis.
Dieser hat nun die Aufgabe, die Störche zum Lachen zu bringen, indem er lustige Dinge macht, z. B. Grimassen schneidet oder witzige Geräusche macht. Allerdings darf er die Störche dabei nicht berühren!
Kann sich ein Storch nicht mehr halten und lacht los, muss er in die Mitte zum Zauberer kommen.
Der Storch, der als einziger nicht gelacht hat, gewinnt und verwandelt sich zurück in ein Kind. Dieses übernimmt als nächstes die Rolle des Zauberers.
Alle anderen Kinder können den Zauber nur brechen, indem sie mit Stelzen drei Runden im Kreis um den Zauberer stolzieren und dabei zehnmal „MUTABOR" rufen.
Dann beginnt die nächste Spielrunde.

Froschwache

Die Störche haben Hunger! Ob sie es schaffen, mit ihren langen Schnäbeln die hüpfenden Frösche zu schnappen?

Alter: ab 3 Jahren
Material: 2 hölzerne Kochlöffel, 1 Paar rote Kniestrümpfe

Ein Kind verkleidet sich zum Storch, indem es in jeder Hand einen Kochlöffel hält. Die Spielleitung stülpt ihm jeweils einen roten Strumpf darüber.

Diese Armverlängerungen stellen den Storchenschnabel dar. Alle anderen Kinder verwandeln sich in Frösche, die sich nur hüpfend fortbewegen können. Dabei müssen sie auf den Storch Acht geben. Denn er gibt das Zeichen und spricht:

„Frösche nehmt euch in Acht,
der Storch am Ufer wacht!“

Daraufhin hüpfen die Frösche dem Storch davon. Dieser muss alle Frösche mit seinem „Schnabel“ schnappen. Schafft er es, scheidet dieses Froschekind aus. Das Kind, das als letztes übrig bleibt, übernimmt zur nächsten Spielrunde die Rolle des Storches.

Variante für Ältere
Kinder ab sechs Jahren schnappen sich die Frösche mit dem Schnabel, indem sie selbst auf einem Bein hüpfen.

Blinkende Eule

Die wunderschöne Eule Trusha ist zauberhaft! Sie kann die Farben ihrer Augen geheimnisvoll wechseln! Für einen Tanz (➜ S. 74) oder als Windlicht ist sie ein blinkender Hingucker!

Alter: ab 4 Jahren
Material: leere kleine Gläser (z. B. von Babynahrung), Plakafarbe in Braun, Schwarz und Weiß, Pinsel, Federn, Klebstoff, LED-Teelicht mit Farbwechsel

- Die leeren Gläser mit Farbe blickdicht als Eule bemalen, dabei die Augenpartie aussparen und den Bauch weiß bemalen.
- Nach dem Trocknen an die Seite und oben auf die Gläser Federn kleben.
- Das LED-Teelicht in das Glas stellen. Dank des Farbenwechsels scheinen die Augen der Eule bunt und magisch.

Schatzkistchen des Zauberers

Diese selbst gemachte Kostbarkeitentruhe birgt einen Zauber in sich. Nur wer das Geheimnis kennt, kann die Schatzkiste öffnen.

Alter: ab 4 Jahren
Material: 1 kleiner Schuhkarton, Plakafarbe, Pinsel, Glitzersteine, Glitzerstaub, Klebstoff, Cutter, Lineal, Schere, 1 Papiertaschentuch (oder leichter transparenter Stoff), Plastiklöffel

Vorbereitung

- ✧ Den Schuhkarton mit bunten Farben bemalen und trocknen lassen.
- ✧ Mit schwarzer Farbe Ornamente darauf malen.
- ✧ Glitzersteine und Glitzerstaub, die mit Klebstoff befestigt werden, verleihen der Kiste orientalisches Flair.
- ✧ Vom Papiertaschentuch eine Lage abziehen oder in Taschentuchgröße ein Stück vom transparenten Stoff abschneiden.
- ✧ Mit Hilfe der Spielleitung mit dem Cutter am Deckel des Kartons ein Rechteck ausschneiden. Dieses sollte so groß sein, dass ein 2–3 cm breiter Rand bestehen bleibt.
- ✧ Das ausgeschnittene Rechteck des Deckels mit 1 cm Zugabe an allen Seiten auf die eine Lage des Papiertaschentuchs übertragen und ausschneiden.
- ✧ Dieses Rechteck mit Klebstoff an einer Längsseite über dem Rechteckloch im Deckel ankleben.
- ✧ Den Klebefalz ebenfalls mit Glitzersteinchen verschönern.
- ✧ Die Truhe mit allerlei Schätzen der Kinder befüllen.
- ✧ Den Schuhkarton zukleben, so dass man nur noch durch die Öffnung auf dem Deckel Zugriff ins Innere hat.

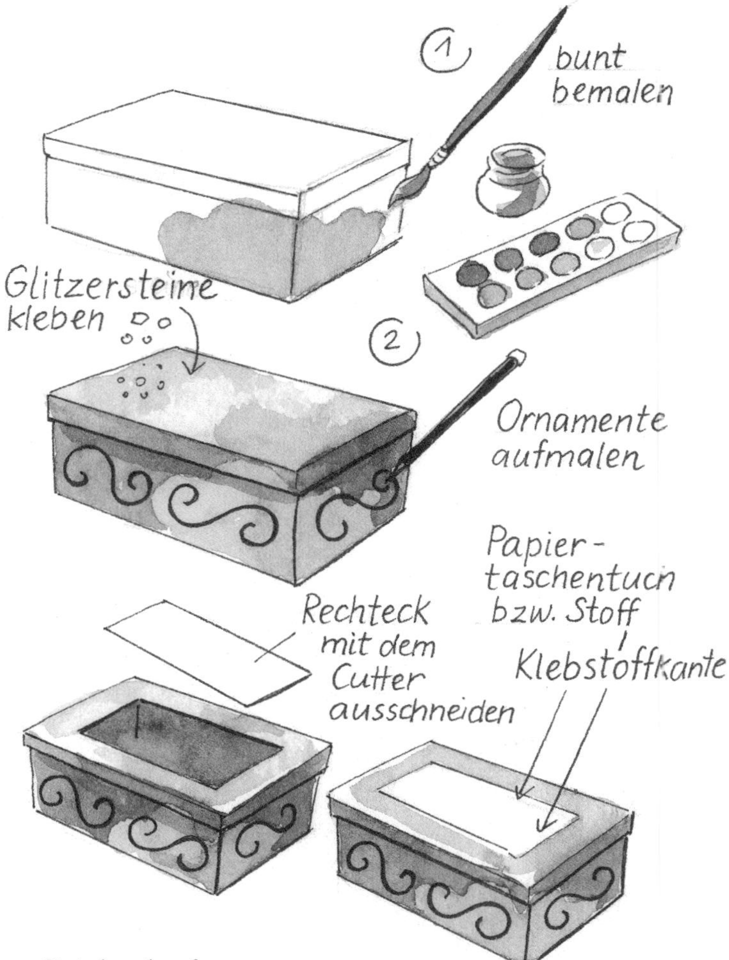

Spielverlauf

Der Zauber verbirgt sich im Papiertaschentuch bzw. transparenten Stoff. Eintritt in die Schatzkiste wird nur gewährt, wenn mit Hilfe des Plastiklöffels das Papier bzw. der Stoff hochgezaubert werden kann. Der Zauberer reibt den Löffel an seinen Haaren, spricht dabei sein persönliches Zauberwort und hält den Löffel ungefähr zwei Zentimeter über das Papiertaschentuch bzw. den Stoff. Wie magisch hebt sich das Tuch und öffnet die Truhe.

Warum ist das so?

Wenn der Löffel über die Haare gestrichen wird, springen winzig kleine Teilchen, so genannte Elektronen, umher. Dadurch entsteht Elektrizität. Der aufgeladene Löffel hat nun die Kraft, neutrale oder entgegengesetzte Gegenstände, z. B. das feine Papiertaschentuch, anzuziehen.

Magische Zauberwörter

Geheime Zaubersprache selbst erfinden macht Spaß!

Alter: ab 6 Jahren
Material: Bildkarten mit Gegenständen (z. B. Sonne, Mond, Rad, Katze, Fahrrad, Vogel, Fußball)

Die Spielleitung legt alle Bildkarten im Spielkreis aus. Daraus sollen neue Zauberwörter wie MUTABOR erfunden werden. Diese setzen sich aus den Anfangssilben unterschiedlicher Wörter zusammen.
Jedes Kind sucht nacheinander drei Bildkarten mit seinem Lieblingsmotiv heraus. Gemeinsam werden die Anfangssilben der Wörter gesprochen, z. B. **So**nne, **Ka**tze, **Fu**ßball. Dies ergibt das Zauberwort: SOKAFU.

Variante
Ein sehr persönliches Zauberwort entsteht aus den Anfangssilben des eigenen Namens, z. B. **Jo**nas **Tho**mas **Mü**ller. Sein persönliches Wort lautet JOTHOMÜ.

Tipp
Das erfundene Zauberwort kann gleich an der Schatzkiste (→ S. 78) ausprobiert werden! Mal sehen, ob es funktioniert.

Freche Frösche fressen!

Hier ein paar Zungenbrecher rund um Kalif Storch (→ S. 66).

Alter: ab 3 Jahren

- *In der Frühe fressen freche Frösche frische Fliegen!*
- *Stolze Störche stapfen zum steilen Steg hinunter.*
- *Der Zauberer zaubert zusammen mit dem Zauberpulver aus der Zauberdose zwei Störche.*
- *Heute heulen nicht neun Eulen, nur eine feine kleine Eule, heult heut auf einer Säule!*

Aladin

Vor vielen Jahren lebte in Bagdad eine arme, kleine Familie. Als der Mann starb, konnte er seiner Frau und dem gemeinsamen Sohn Aladin nicht viel hinterlassen. Trotz harter Arbeit gab es deshalb viele Tage, an denen Aladin mit knurrendem Magen am Abend ins Bett ging.

Als der Junge sechzehn Jahre alt war, geschah etwas Sonderbares. Aladin war gerade dabei, am Waldrand Holz zu sammeln, das er auf dem Markt verkaufen wollte, da kam ein fremder Mann des Weges. Er hatte seine Kapuze weit über das Gesicht gezogen und sprach geheimnisvoll: „Mein lieber Junge, möchtest du dir ein Goldstück verdienen?“

Begeistert schaute Aladin in die dunklen Augen des Fremden und erwiderte: „Ja natürlich, sehr gerne! Der Hunger quält meine Mutter und mich seit Tagen. Wie kann ich Euch dienen?“

„Das ist keine große Sache! Komm mit, ich werde es dir zeigen.“

Aladin folgte dem fremden Mann gespannt und etwas ängstlich. Am Fuße eines Berges bückte sich der und schob unter Ächzen eine kleine Steinplatte beiseite.

„Siehst du, mein Junge, diese Öffnung ist zu klein für mich. Steige hinab! Am Ende der Höhle steht eine Öllampe, die schwach leuchtet. Bring sie mir, dann wirst du dein Goldstück erhalten“, befahl der Mann.

Als Aladin über die feuchte Steintreppe zur Höhle gelangte, traute er seinen Augen nicht. Es glitzerte und funkelte, überall lagen wertvolle Schätze aus Gold und Silber. Und sogleich wunderte er sich, weshalb sich der Fremde für diese Kostbarkeiten nicht interessierte. Nur diese alte Öllampe schien ihm wichtig. Vielleicht war sie mit einem Zauber versehen, dachte Aladin bei sich.

Aus der Ferne hörte er den Mann aufgeregt rufen: „Nimm die Lampe und bring sie mir!“

Aladin gehorchte. Als er auf den Steinstufen der Treppe stand, hielt er für einen Augenblick inne. Was, wenn diese Lampe wirklich einen Zauber barg? Vielleicht würde er dann zu Geld kommen und seine Mutter und er müssten keinen Hunger mehr leiden.

Gestärkt von diesem hoffnungsvollen Gedanken, sagte Aladin zu dem Ungeduldigen: „Hilf mir, reich mir deine Hand!“

Doch der Fremde dachte nicht daran „Gib mir zuerst die Lampe! Dann werde ich dir helfen!", rief er drohend. Als Aladin das gefährliche Funkeln in seinen Augen sah, forderte er ihn abermals auf, ihm aus der Höhle zu helfen.
Wütend vor Zorn schrie der Mann und schob die Steinplatte über die Öffnung. „Wenn ich die Lampe nicht haben kann, sollst auch du sie nicht haben!" Dabei verlor dieser einen silbernen Ring vom Finger, der in die Höhle fiel. Aladin griff schnell danach und steckte ihn an seinen Finger.
Um Aladin wurde es dunkel und er erschrak fürchterlich. Nur der Schein der Lampe erleuchtete die Höhle schwach. Der Junge verstand. Dieser fremde Mann war ein gefährlicher Zauberer, der Böses im Schilde führte.
Während Aladin über sein schlimmes Schicksal nachdachte, rieb er gedankenverloren am Ring. Plötzlich wurde die Höhle in helles Licht getaucht, eine weiße Wolke wirbelte vor ihm. Als der Nebel sich legte, sah Aladin einen Geist vor sich. In weißen Gewändern und einem hellen Turban verneigte dieser sich voller Demut und sprach: „Ihr habt nach mir gerufen! Befehlt mir, und ich werde gehorchen!"
Aladin verstand den Zauber des Ringes sogleich und murmelte erschrocken: „Ich möchte nach Hause zu meiner lieben Mutter!"
Im nächsten Augenblick saß er gemeinsam in der Küche bei seiner Mutter. Der Geist aber war verschwunden.
Die Mutter blickte erschrocken um sich und fragte: „Aladin, wie kommst du nur so plötzlich durch die verschlossene Tür?"
Da erzählte er die ganze Geschichte. Wie froh war da die Mutter, dass sie Aladin wohlbehalten wieder bei sich hatte.
Aladin reichte der Mutter die schmutzige Öllampe und sprach: „Poliere sie. Dann werde ich mich auf den Weg zum Markt machen, um sie zu verkaufen! Wenn ich schon nicht die Goldmünzen habe, so bekomme ich für uns wenigstens etwas Geld!"

Die Mutter nahm ihren Lappen und begann, an der Lampe zu reiben. Plötzlich kam weißer Rauch aus der Öffnung und ein anderer Geist in roten Gewändern schwebte heraus.
„Ich bin der Geist der Lampe! Ihr habt mich gerufen. Befehlt, und ich gehorche!“
Erschrocken flüsterte die Mutter: „Bring uns was zu essen!“
Sofort war der Tisch reich gedeckt mit unzähligen Speisen und die Rauchwolke verschwand mit dem Geist in der Flasche. Die Mutter bekam Angst und befürchtete, die Lampe und der Ring könnten tiefes Unglück über sie bringen. Deshalb musste der Sohn versprechen, nie mehr an diesen Dingen zu reiben. Aladin verkaufte auf dem Bazar die goldenen Teller, auf denen der Lampengeist das Essen serviert hatte, und wurde ein erfolgreicher Kaufmann.

(geeignete Stelle für eine Erzählpause)

So kam es auch, dass sich die schöne Prinzessin der Stadt in Aladin verliebte. Der König willigte großzügig zur Hochzeit zwischen einem so tüchtigen, reichen Geschäftsmann und seiner Tochter ein und es wurde ein großes Fest gefeiert. Aladin und seine Mutter lebten von da an glücklich und zufrieden im Palast. Bis eines Tages der böse Zauberer wieder in die Stadt zurückkehrte.
Im ganzen Land hatte man von Aladin, seinem Reichtum und seinem Glück gehört. Deshalb sann der Zauberer auf Rache. Er wollte um jeden Preis seine Schätze wiederhaben und Aladins Leben zerstören. Verkleidet als Händler machte er sich mit neuen, wunderschön glänzenden Öllampen auf den Weg zum Palast. Mit seinem Ausruf „Alte gegen neue Lampen!“ machte er der Prinzessin ein verlockendes Angebot. Diese nahm den Tausch gerne an, denn sie wusste nichts vom Zauber der Öllampe. Sie wollte Aladin eine Freude machen und ihm die neue schenken. Doch der Zauberer rieb sofort an der alten Lampe und befahl dem Geist, den Palast mitsamt der Prinzessin in ein fernes Land zu bringen. Und so geschah es.
Als Aladin an diesem Abend von einer Geschäftsreise in die Stadt zurückkehrte und weder Frau noch Palast vorfand, erschrak er sehr. Im selben Augenblick wusste er, dass der Zauberer seine bösen Hände im Spiel hatte. Wie wütend wurde er da! Verzweifelt dachte er nach, lief hin und her.
(Da fiel ihm der Ring des Zauberers ein, den er am Finger trug. Aufgeregt rieb er an ihm. Der Geist erschien in weißen Rauchwolken, verbeugte sich und fragte mit heller Stimme: „Ihr habt mich gerufen! Was befehlt Ihr mir?“)

→ Aladin reist mit der Karawane mit, um seine Frau und seinen Palast zu finden!

Lied: „Will die Karawane reisen ...“

„Bring mich an den Ort, an dem sich meine Frau befindet!“, befahl Aladin. Im nächsten Augenblick stand er im Schlafgemach der Prinzessin. Diese freute sich beim Anblick ihres Gatten und wusste, er würde sie vor dem bösen Zauberer retten. Doch dieser war schlau. Er hielt die Lampe stets bei sich.

Da hatte Aladin eine Idee. Er gab seiner Frau schnell ein Fläschchen und flüsterte: „Sorge dafür, dass der Zauberer es leertrinkt. Dann wird er schlafen!“

Die Prinzessin tat, was Aladin gesagt hatte, und füllte die Tropfen aus dem Fläschchen in das Weinglas des bösen Zauberers. Dieser trank einen Schluck und fiel in einen tiefen Schlaf. Hastig nahm Aladin die Lampe, rieb sie und befahl dem Geist, den Zauberer zu fesseln und ihn in ein fernes Land zu bringen. Dies geschah sogleich.

„Lieber Geist, bring uns wieder zurück in unsere Heimat!“, bat Aladin den Geist freundlich.

So gelangten sie und der gesamte Palast auf einem Fliegenden Teppich nach Hause.

Wie war der König froh, als er seine Tochter wieder bei sich hatte. Aladins Mutter weinte vor Glück, als sie ihren Sohn in die Arme schloss.

Das Volk feierte fünf Tage ausgelassen ein Fest zur Wiederkehr ihres zukünftigen Königs.

Die Nacht neigte sich dem Ende zu und der Tag kündigte sein Erwachen an, als Scheherazade schwieg.

Schahrirar legte sich entspannt in sein Kissen: „Ein schönes Ende! Ist der böse Zauberer für immer verschwunden?“

Scheherazade antwortete: „Er wurde nie wieder gesehen!“

Der König war neugierig geworden: „Hast du noch eine spannende Geschichte für mich?“

„Wenn du mich nicht wegschickst, werde ich dir von einem Prinzen erzählen, der kein gewöhnliches Mädchen zur Frau nahm“, sprach Scheherazade geheimnisvoll.

Schahrirar stimmte zu und schenkte ihr eine weitere Nacht. Und so erzählte die Schöne in der nächsten Nacht die Geschichte, in der ein Prinz eine Schildkröte zur Frau nahm.

Der Fliegende Teppich

Nr. 3

Musik: Thorsten Wadowski & Qusai Zureikat | Text: Thorsten Wadowski

Aladin erlebt so manches Abenteuer mit seinem fliegenden Untergestell! Dieses Mal gelingt ihm die Reise in besonders verrückte Länder! Ja, in dem einem hüpfen die Menschen den ganzen Tag! In dem anderen krabbeln sie nur kriechend umher. Und was Aladin sonst noch erlebt, erzählt das schöne Lied!

Refrain
Unser Teppich, der kann fliegen,
der kann fliegen durch die Welt
in viele bunte Länder, so wie es uns gefällt.
Wo fliegt der Teppich hin, wo kommen wir jetzt an?

1. Er fliegt mit uns ins Krabbelland,
dort krabbeln Frau und Mann.
Simsalabim und los!

Refrain
Unser Teppich, der kann fliegen …

2. Er fliegt mit uns ins Tanzland,
dort tanzen Frau und Mann.
Simsalabim und los!

Refrain
Unser Teppich, der kann fliegen …

3. Er fliegt mit uns ins Hüpfland,
dort hüpfen Frau und Mann.
Simsalabim und los!

Refrain
Unser Teppich, der kann fliegen …

4. Er fliegt mit uns ins Schlafland,
dort schlafen Frau und Mann.
Simsalabim und los!

Refrain
Unser Teppich, der kann fliegen,
der kann fliegen durch die Welt
in viele bunte Länder, so wie es uns gefällt.
Wo fliegt der Teppich hin? Die Reise ist jetzt aus,
drum fliegt uns unser Teppich wieder nach Haus.
Simsalabim und aus!

Aladin lädt alle Kinder ein, mit ihm gemeinsam in die Länder zu reisen und die dementsprechenden Bewegungen alle mitzumachen.

Fliegender Teppich

Der freundliche Geist zaubert Aladin und seinen Palast auf einem großen Fliegenden Teppich zurück in die Heimat. So ein magischer Teppich lässt sich auch ruck, zuck in die Einrichtung zaubern.

Alter: ab 3 Jahren
Material: 1 Leintuch (mind. 60 × 35 cm), Schere, Zeitungspapier, Fenstervorhänge mit grobem Muster bzw. Spitze, 1 Schale, 1 Spülschwamm, Textilfarbe, Glöckchen; evtl. 1 großes Leintuch

- Aus einem Leintuch ein 60 × 35 cm großes Stück schneiden (das ist die Größe eines Rollbrettes).
- Oben und unten schmale Fransen mit 5 cm Länge einschneiden.
- Einen Tisch als Unterlage mit Zeitungspapier zum Schutz auslegen.
- Das Leintuch faltenfrei streichen und mit den Vorhangspitzen ein beliebiges Muster auflegen.
- Den Boden einer Schale mit Textilfarbe bedecken.
- Mit dem Schwamm etwas Textilfarbe aufsaugen und sanft auf die Vorhangspitze drücken, so dass sich ein schönes Muster abzeichnet.
- Leuchtende, bunte Farben bewirken ein orientalisches Flair!
- Farbe antrocknen lassen und die Vorhangspitzen vorsichtig entfernen.
- Nach dem vollständigen Trocknen die Textilfarbe nach Herstellerangabe mit dem Bügeleisen auf der Rückseite des Stoffes fixieren.
- Den Teppich an den Fransen mit Glöckchen verzieren.

Variante
Ein großes Leintuch wird ebenso mit einem orientalischen Muster versehen. Es dient als Fliegender Teppich für Gruppenspiele.

Simsalasig, Zauberteppich flieg!

Einmal Bagdad und nicht zurück! Eine magische Rollbrettreise mit dem Fliegenden Teppich.

Alter: ab 4 Jahren
Material: Fliegende Teppiche (➜ S. 85) für die Hälfte der Kinder (alternativ können kleine Handtücher oder Geschirrtücher verwendet werden), Rollbretter mit Ziehschnur, Bild oder Plakat mit orientalischer Städtekulisse, 3 Kegel, Seil, Stoffschlange (➜ S. 15)

Vorbereitung
Die Rollbretter mit Fliegenden Teppichen bedeckt in einer Ecke des Raumes bereitstellen.
Einen Parcour aus drei Kegeln, einer Schlange und einem Seil bauen und die Städtekulisse auf die gegenüber liegende Seite der Rollbretter an die Wand hängen. Dort ist das Ziel.

Spielverlauf
Die Kinder bilden Paare. Die einen stellen Aladin dar und setzen sich auf jeweils ein Rollbrett.
Ihre Partner spielen den Lampengeist, der Aladin zurück nach Bagdad bringen soll.
Die Lampengeister fassen die Schnur des Rollbrettes und warten auf die Anweisungen der Spielleitung.
Auf der Reise gibt es natürlich einiges zu entdecken. Städte, Wüste und das Meer müssen sorgsam überflogen werden. Aladin soll doch heil in seiner Heimat landen.
Die Spielleitung begleitet die Reise und erzählt spannend von allen Abenteuern, die Aladin und der Geist erleben.

Gemeinsam sprechen alle den Zauberspruch und geben den Geistern dadurch das Kommando zum Abflug:

„Ach du großer Lampengeist,
bring mich schnell und ohne Pause,
rasch zurück nach Hause!
Simsalasig, Zauberteppich flieg!“

1. Abenteuer: Sandsturm
Ein heftiger Wind wirbelt den Sand der Wüste in die Höhe. Der Geist macht einen Tiefflug und muss kriechend einige Meter lang den Fliegenden Teppich hinter sich her ziehen.

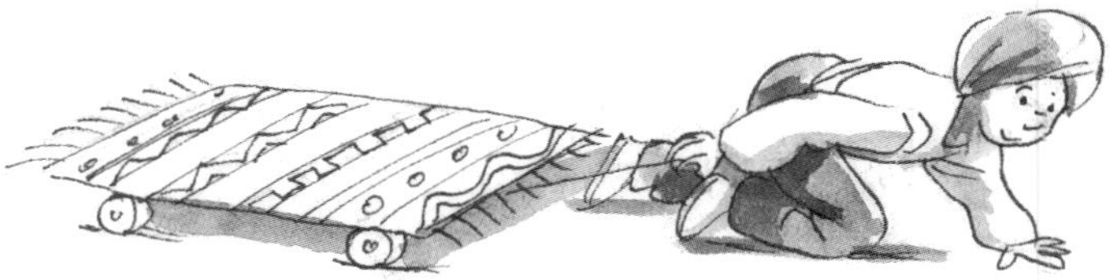

2. Abenteuer: Hohe Bergspitzen
Ein Gebirge soll überflogen werden, doch der Fliegende Teppich hat nicht genug Höhe. Der Geist muss Aladin deshalb auf Zehenspitzen einige Meter ziehen. Doch sie fliegen immer noch nicht hoch genug! Der Geist muss die Bergspitzen (drei Kegel im Abstand von einem Meter) umfliegen!

3. Abenteuer: Schlangenoase
Aladin und der Geist überfliegen die „Oase der Schlange“. An diesem geheimnisvollen Ort in der Wüste lebt die Schlange Ssssusssida. Man sagt ihr nach, dass sie andere mit ihren Augen rollend hypnotisieren kann. Und ach, herrje! Der Lampengeist schaut der Schlange Ssssusssida in die Augen und verfällt ihrem Bann. Deshalb zieht der Geist dreimal den Teppich im Kreis, bis der Schlangenzauber wieder verschwunden ist.

4. Abenteuer: Möwenschwarm

An der Meeresküste kurz vor Bagdad gerät der Teppich in einen Möwenschwarm. Um nicht abzustürzen, muss der Geist geradewegs durch die Vogelmeute fliegen. Aladin macht sich klein und der Geist steuert über ein gerade liegendes Seil, ohne es mit den Rädern zu berühren.

5. Abenteurer: Bagdad in Sicht

Der Fliegende Teppich befindet sich im Landeanflug. Aladin ist aufgeregt und winkt den Menschen, die ihn jubelnd empfangen, freudig zu. Dabei wackelt und holpert der Teppich, und Aladin hüpft auf und ab. Der Geist muss die letzten Meter bis zum Ziel Bagdad überwinden und fest ziehen.

In Bagdad angekommen verbeugt sich Aladin tief vor seinem freundlichen Geist und spricht:

„Dank sei dir, du großer Geist,
ich hoffe, dass du immer weißt,
willst du mal aus der Lampe 'raus,
dann besuch mich schnell bei mir Zuhaus'."

Die Kinder tauschen die Rollen und die Abenteuerreise beginnt von neuem.

Schwungsalabim

Eine Reise durch das Morgenland auf dem Fliegenden Teppich.

Alter: ab 4 Jahren
Material: 1 Schwungtuch, 1 Softball, Getränke (z. B. Tee); evtl. 1 Fliegender Teppich (→ S. 85)

Alle Kinder verteilen sich rund um das ausgebreitete Schwungtuch und halten die Schlaufen fest. Die Spielleitung gibt Anweisungen in Form einer Reiseleitung, die die Kinder auf einen Flug über den Orient mitnimmt.
Ein gemeinsamer Zauberspruch bringt den Teppich in Bewegung:

„Heute wollen wir hoch hinaus,
ganz weit weg von unserm Zuhaus'.
Abrakadabra simsalasun,
großer Teppich, erheb dich nun!"

Der Zauberspruch beginnt zu wirken! Langsam, dann immer schneller, formt der Teppich Wellen und sein Motor startet.
(Schwungtuch hoch und runter bewegen, schneller werden)
Der Fliegende Teppich dreht sich im Kreis und nimmt uns mit hinauf in die hohen Lüfte.
(Während der Auf- und Abbewegungen im Kreis laufen)
Schaut, seht ihr sie? Rechts unter euch könnt ihr Delfine im Meer sehen.
(Stehen bleiben und weiterhin Wellen erzeugen, doch nun auf Schulterhöhe)
Damit ihr die schönen Tiere alle sehen könnt, müsst ihr die Plätze tauschen.
(Nach angesagten Kriterien Plätze unter dem Tuch hindurch tauschen lassen, z. B. alle mit rosa Hausschuhen, mit kurzen, blonden Haaren, alle Jungen, …)
Weiter geht die Reise über die Wüste. Es ist so heiß hier. Ein paar Motoren des Fliegenden Teppichs fal-

len aus! Sie brauchen eine kurze Pause, um wieder abzukühlen. Solange müssen die anderen die Arbeit übernehmen.
(Jeweils zwei Kinder legen sich in die Mitte des Schwungtuches und ruhen sich aus, alle anderen Kinder erzeugen sanfte Wellen durch Auf- und Abbewegungen)
Nachdem alle Motoren wieder einsatzbereit sind, geht die Reise weiter. Doch was ist das? Ich sehe den Eifelturm! Der steht doch in Frankreich! Wir haben uns verfahren! Schnell wieder umdrehen und zurück in Richtung Morgenland.
(Mit dem Schwungtuch einmal im Kreis gehen und wieder wilde Wellen schwingen)
Geschafft! Wir fliegen wieder die richtige Route! Schaut nach unten! Winkt uns dort jemand? Seid mal still, vielleicht hören wir etwas?
(Schwungtuch ruhig halten und spannen)
„Shalom, hört ihr mich da oben? Könnt ihr mich mitnehmen und nach Bagdad bringen?" Tatsächlich, es ist Aladin! Sollen wir ihn mitnehmen? Lasst uns schnell landen!
„Klar nehmen wir dich mit. Auf unserem Teppich ist genug Platz. Steig ein!"
(Schwungtuch langsam auf den Boden legen, Softball auf das Tuch legen)
Los Kinder, bringen wir Aladin schnell nach Hause! Doch passt auf, dass wir ihn nicht verlieren!
(Schwungtuch auf- und abbewegen, ohne den Ball zu verlieren)
„Ich sehe Bagdad! Wir haben es geschafft! Darf ich euch alle als Dank zu mir in meinen Palast einladen?"
Natürlich nehmen wir die Einladung gerne an. Achtung Kinder, Aladin springt ab.
(eine Seite hoch, die andere nach unten halten, damit der Ball herausrollt)
Wir landen ganz langsam auf der Terrasse des Palastes.
(durch eine langsame Aufwärtsbewegung Schwungtuch zusammen nach oben schwingen, so dass ein Zelt entsteht, mit der Schlaufe in der Hand jeweils zwei Schritte nach vorne gehen und hinter dem Rücken das Tuch auf den Boden ziehen und aufsitzen. So sitzen alle Kinder im „aufgeblasenen" Zelt)
Das war eine tolle Landung! Großartig habt ihr das gemacht! Lasst uns nun mit Aladin Tee trinken!
(aus dem Zelt kriechen, Schwungtuch liegen lassen und eine Trinkpause machen)
Danke Aladin! Wir fliegen wieder zurück! Alle an den Teppich!
(Kinder gehen an die Schlaufen zurück)
Die Rückreise beginnt. Los Kinder, auf dem direkten Weg wieder zurück nach Hause!
(Auf- und Abbewegungen machen, mal langsam, mal schnell, gemeinsame Landung wieder im „Schwungtuchzelt")
Ich hoffe, ihr hattet Spaß bei unserer gemeinsamen Rundreise! Bis bald mal wieder!

Variante
Bei einer Gruppe mit wenigen Kindern wird anstatt des großen Schwungtuches das selbst gemachte Leintuch für die Gruppe eingesetzt.

Der Flaschengeist

Nr. 8

Musik: Thorsten Wadowski & Qusai Zureikat | Text: Thorsten Wadowski

Aladins Flaschengeist hat sich in die Tasche eines Kindergartenkindes geschlichen und treibt dort sein Unwesen. Aber das Kind merkt sehr schnell, dass so ein Geist ganz praktisch sein kann und unterhaltsam ist.

1. In meiner Kindergartentasche,
da hab ich eine Flasche,
doch, was du nicht weißt,
in der Flasche lebt ein Geist!

Ich hatte großen Durst
von einer scharfen Wurst,
da hab ich ihn entdeckt.
Mensch, hat der mich erschreckt!
Er sagte …

Refrain
„Limonade mag ich nicht,
die klebt so eklig im Gesicht.
Ich bin hier der Geist
und das ist meine Flasche
hier in deiner Tasche,
nur dass du es weißt!“

2. Zu Haus lass ich ihn raus,
er geistert durch das Haus,
da darf er richtig spuken
durch die Ecken und die Luken.
Wenn ich mal dumm rumsitze
macht er mir Geistesblitze
und schon fall'n mir ein
geistreiche Witze.
Doch sagt er immer:

Refrain
„Kindercola mag ich nicht,
die klebt so eklig im Gesicht.
Ich bin hier der Geist
und das ist meine Flasche
hier in deiner Tasche,
nur dass du es weißt!“

3. Den Geist, den find ich gut,
denn er macht mir Mut.
Ich nehme nur 'nen Schluck
aus der Flasche und ruck, zuck
ist jede Angst verschwunden,
sogar vor großen Hunden
und selbst vor Spinnen auch
und nichts kribbelt mehr im Bauch.
Doch sagt er immer:

Refrain
„Blubberwasser mag ich nicht,
das kitzelt mir so im Gesicht.
Ich bin hier der Geist
und das ist meine Flasche
hier in deiner Tasche,
nur dass du es weißt!“

4. Heut griff ich in die Tasche,
doch da war keine Flasche,
ich hab' überall gesucht,
hab' geschimpft und hab' geflucht.
Mutti sprach mit ernster Miene
irgendwas von Spülmaschine,
und zwei Stunden saß ich klamm
zitternd vor dem Spülprogramm.
Doch dann hörte ich ihn endlich wieder:

Refrain
„Spülmaschine mag ich nicht,
die schäumt so eklig im Gesicht.
Ich bin hier der Geist
und das ist meine Flasche
hier in deiner Tasche,
nur dass du es weißt!“

Der Geist aus der Flasche

Aladin begegnet allerlei Geistern auf seinen Abenteuern. Den Geist, der in einer Flasche wohnt, möchte nicht nur Aladin kennen lernen. Er verrät uns dafür einen tollen Trick.

Alter: ab 3 Jahren
Material: Luftballon, 1 wasserfester Stift, 1 leere Plastikflasche (250 ml), 1 Trichter, 1 Päckchen Backpulver, 150 ml Essig

- Dem Luftballon eine Geisterfratze aufmalen.
- Das Backpulver mit Hilfe des Trichters in die Flasche füllen, den Essig dazugeben.
- Unmittelbar danach rasch den Luftballon über die Flaschenöffnung stülpen.

Aladin lehrt uns ganz geheimnisvoll einen Zauberspruch:

„Abrakadabra Simsalasich,
großer Flaschengeist, zeige dich!"

Aladins Zauber wirkt langsam und der Luftballongeist beginnt sich aufzurichten und rund zu werden.

Warum ist das so?
Wenn Essig sich mit Backpulver verbindet, entsteht Kohlendioxid, das Bläschen bildet. Durch das Gas entsteht Druck in der Flasche, das Gas entweicht in den Luftballon und bläst ihn auf.

Rätsel rund um Aladins Welt

Aladin macht auf zauberhafte Weise,
mit dem ____________ eine lange Reise.

Fliegenden Teppich

Reibe an der Lampe sacht,
schon siehst du, wie etwas erwacht.
Mit viel Rauch erscheint dir nun
etwas, das dich fragt:
„Was kann ich für dich tun?"
Weißt du, wie das Etwas heißt?
Jawohl, es ist der ____________.

Geist

Dreimal drehen, Simsalaband.
Aladin blickt erstaunt auf seine Hand.
Wie heißt denn dieses Zauberding?
Ach ja, das ist der ____________.

Zauberring

Der Prinz, der eine Schildkröte zur Frau nahm

In der fernen Stadt Bagdad lebte einst ein mächtiger Kalif. Dieser hatte drei Söhne. Als Moha, Seda und Tavo alt genug waren, um sich zu vermählen, ließ der Kalif seinen klugen Wesir zu sich kommen und bat ihn um seine Hilfe. Der Wesir riet ihm: „Stellt euren Söhnen eine gerechte Aufgabe, um zu sehen, wen sie heiraten sollen. Schickt sie auf den höchsten Turm eures Palastes, verbindet ihre Augen und gebt ihnen Pfeil und Bogen. Das Mädchen, das in der Nähe wohnt, wo der Pfeil gelandet ist, soll die Frau des Prinzen werden!", sagte der Wesir.

„Eine ausgezeichnete Idee!", erwiderte der Kalif und ließ seine Söhne bitten. Moha, der älteste Sohn, bekam den Vortritt und schoss. Sein Pfeil landete im Hinterhof eines reichen Kaufmanns. Dieser besaß eine hübsche, aber boshafte Tochter.

Der Pfeil des zweiten Sohnes, Seda, landete im Fenster eines königlichen Dieners. Dieser hatte eine schöne, aber gierige Tochter.

Als letzter war Tavo, der jüngste Sohn, an der Reihe. Er spannte den Bogen mit aller Kraft und der Pfeil schoss über die Häuser der Stadt hinweg und traf an einer Stelle auf, die nicht mehr zu sehen war. Deshalb musste der Kalif einen Gesandten ausschicken, der den Pfeil suchen sollte. Entsetzt kam dieser zurück und berichtete: „Mein Herr, ich bin untröstlich. Aber der Pfeil steckte im Haus einer Schildkröte!"

Der Kalif entgegnete wütend: „Soll mein Sohn etwa eine Schildkröte heiraten? Das kann ja wohl nicht sein! Tavo, schieß den Pfeil noch einmal!"

Der Jüngste versuchte erneut sein Glück. Und wieder flog der Pfeil so weit, dass abermals ein Gesandter ausgeschickt werden musste. Den Kopf gesenkt kam dieser zurück: „Großer Kalif, es tut mir leid, der Pfeil landete wieder im Garten der Schildkröte!"

Der Kalif war außer sich und tobte vor Wut. Er befahl Tavo, ein drittes Mal zu schießen.

Doch auch diesmal fand man den Pfeil im Haus der Schildkröte.

Tavo bat seinen Vater voller Demut: „Vater, es wird wohl mein Schicksal sein, eine Schildkröte zur Frau zu nehmen. Allah will es so!" Der Kalif hielt einen kurzen Augenblick inne und stimmte dann der Hochzeit zu.

Vier Tage später feierten alle Söhne mit ihren Auserwählten ein berauschendes Hochzeitsfest. Viele mächtige und edle Gäste beschenkten sie mit Gold und anderen Schätzen. Nur zu der Hochzeit von Tavo und der Schildkröte wollte niemand kommen. Außer der Kalif selbst. Er ließ es sich nicht nehmen, zur Feier zu erscheinen. Er hatte alle seine Söhne gleich gerne. Der Schildkröte steckte er

als Zeichen seiner Ehrfurcht einen rubinfarbenen Ring an den Fuß. Sie war gerührt und bedankte sich herzlich.
Moha und Seda zogen nach der Hochzeit mit ihren Frauen in schöne Häuser in der Nähe des Palastes. Tavo und die Schildkröte dagegen wohnten in einem bescheidenen Haus vor den Toren der Stadt.
Einige Zeit war vergangen, da wurde der Kalif plötzlich schwer krank. Er lag im Bett und ließ alle drei Söhne zu sich kommen und bat sie: „Meine lieben Söhne, ich bin sehr schwach. Ich befürchte, ich vertrage dieses Essen hier nicht und es schlägt mir auf den Magen. Ich möchte, dass mir eure Frauen etwas kochen, damit es mir schnell besser geht!“
Moha erwiderte voller Zweifel: „Bei allem Respekt, Vater, aber wie soll eine Schildkröte für euch ein Mahl zubereiten?“
Doch Tavo schritt dazwischen: „Lass das nur mich machen! Meine Frau wird Vater verwöhnen!“
Als die Schildkröte vom Wunsch des Kalifen hörte, traf sie sogleich Vorkehrungen. Doch diese waren etwas sonderbar. Sie schickte ihren Diener los, um von der Schwägerin Knochen zu holen. Doch diese wurde böse und weigerte sich. Bei der anderen ließ sie um einen Topf Fett bitten. Doch auch diese habgierige Frau schickte den Diener mit leeren Händen davon.
Anstatt jedoch traurig zu sein, lächelte die Schildkröte nur sanft und verbrachte die Nacht damit, die köstlichsten Speisen für den Kalifen zu kochen. Am Morgen duftete das Haus nach allerlei Gewürzen und Leckereien.
Die Schildkröte machte sich auf den Weg zum Palast. Am Bett des kranken Kalifen standen schon die Schwägerinnen, und Mohas Frau deckte ihren mitgebrachten Teller schwungvoll auf. Der Kalif verzog angewidert sein Gesicht und rief: „Was ist das? Willst du mich vergiften? Schafft mir diese Knochen aus den Augen!“
Als Sedas Frau schnell die Haube von ihrem Mahl abnahm, wurde der König noch wütender: „Ein Teller voller Fett? Mich ekelt vor diesem Essen! Weg damit!“
Beschämt schauten die Schwägerinnen zu Boden, als nun die Schildkröte ihre Köstlichkeiten servierte. Es duftete herrlich und sah appetitanregend aus. Der Kalif aß alles bis auf den letzten Krümel und sprach glücklich: „Liebe Schildkröte, dein Essen war so vorzüglich. Ich möchte, dass du von nun an jeden Tag für mich kochst. Und ihr beiden, die ihr mich vergiften wolltet“, er wandte sich an die beiden anderen Frauen, „euch schicke ich für dreißig Tage in die Wüste!“

So verwöhnte die Schildkröte den Kalifen jeden Tag mit neuen Köstlichkeiten und verzauberte ihn mit ihren Kochkünsten. Nach vierzig Tagen war der Kalif so gestärkt, voll neuer Tatkraft und glücklich, dass er wieder ganz gesund war. Zum Dank seiner Genesung feierte er ein großes Fest, zu dem aus aller Herren Länder die Mächtigsten anreisten. Die Menschen freuten sich, dass ihr Kalif wieder gesund war.

Auch Mohas und Sedas Frauen waren zum Fest geladen. Abgemagert und ausgehungert waren sie vor Tagen aus der Wüste zurückgekehrt. Nun wollten sie der Schildkröte zeigen, wer sie waren. Sie wollten wunderschöne Kleider tragen und in einer prächtigen Kutsche zum Palast vorfahren.

Doch auch die Schildkröte traf ihre Vorbereitungen. Sie schickte abermals ihren Diener zur Schwägerin und bat um eine Gans. Diese lehnte spöttisch ab. Auch die andere Schwägerin, bei der sie nach einem Ziegenbock fragte, wies den Diener zurück. Am Abend versammelten sich große Menschenmassen an den Toren des Palastes. Alle waren gespannt auf den Auftritt der schönen Prinzessinnen. Doch was war das?

Anstatt in einer Kutsche kamen die beiden auf einer Gans und einem Ziegenbock angeritten. Die Leute lachten bei diesem sonderbaren Anblick. Auch der Kalif lachte und war gespannt, auf welchem Tier wohl die Schildkröte ankam.

Doch da fuhr eine wunderschöne Kutsche, von zwei weißen Schimmeln gezogen, durch das Tor. Eine Prinzessin mit schwarzem, langem Haar und einem prächtigen Gewand stieg aus und ging auf den Kalifen zu. Das Mädchen fiel ehrerbietig vor dem Kalifen auf die Knie und küsste seine Hand. Da erkannte der Kalif das schöne Mädchen. Es trug den rubinfarbenen Ring, den er der Schildkröte einst bei ihrer Hochzeit mit Tavo geschenkt hatte. Sie war die Schildkröte gewesen. Der Kalif forderte die Prinzessin und Tavo freudig auf, an der langen Tafel neben ihm zu speisen.

Prinz Tavo war glücklich. Er und seine bezaubernde Frau zogen in ein wunderschönes Haus in der Nähe des väterlichen Palastes. Die Prinzessin verwöhnte den Kalifen und ihren Gatten weiterhin mit allerlei leckerem Essen. Und so lebten sie glücklich und zufrieden bis ans Ende ihrer Tage.

Die Nacht neigte sich dem Ende zu und der Tag kündigte sein Erwachen an, als Scheherazade schwieg.

Schahrirar lachte: „Diese Schwägerinnen sind wirklich zu dämlich. Schön, dass Tavos Ehrfurcht vor Allahs Wunsch, eine Schildkröte zu heiraten, belohnt wurde! Hast du noch eine so belustigende Geschichte für mich?“

„Die nächste Geschichte, die ich dir erzählen könnte, lehrt dich Großes von zwei streitsüchtigen Brüdern! Lass mich noch eine Nacht bei dir, dann wirst du sie hören“, sagte Scheherazade geheimnisvoll.

Schahrirar willigte ein: „Bleibe bei mir! Ich bin gespannt!“

Und so erzählte Scheherazade in der nächsten Nacht die Geschichte von Hassan, dem Seiler.

Schön blöd

Nr. 14

Musik: Thorsten Wadowski & Qusai Zureikat | Text: Thorsten Wadowski

Dass Schönheit und Reichtum nicht alles sind, erfahren die bösen Schwägerinnen im Märchen. Auch das Mädchen Gabi merkt im Lied, dass man sich mit Hochmut keine Freunde macht.

1. Ein Mädchen namens Gabi,
das wollte sein wie Barbie.
Das saß unterm Fön
und rief: „Ich bin so schön!"
„Oooaaaah, ich bin so schön,
so schön, dass ich stöhn unterm Fön!"

2. Papa kaufte tausend Dinge,
teure T-Shirts, teure Ringe
und ihr Kleiderschrank war voll
und sie rief: „Ich bin so toll!"
„Oooaaaah, ich bin so toll,
denn mein Gabi-Barbie-Kleiderschrank ist voll!"

Refrain
Doch wenn du glaubst, so was Schönes hat noch nie jemand gesehen,
dann bist du schön – schön blöd!
Auf den zweiten Blick ist manches gar nicht mehr so schön,
sondern nur schön – schön blöd!

3. Alle wollten sein wie Gabi,
die so aussah wie 'ne Barbie,
und mit rosigem Gesicht
hielt Gabi stets Gericht.
„Oooaaaah, ich bin die Gabi
und ich bestimme hier, denn ich bin schön wie Barbie!"

4. „Du darfst mitspielen und du nicht",
war es, was die Gabi spricht.
Jemand weinte jedes Mal,
doch das war Gabi egal.
„Du fliegst raus, igitt, igitt, igitt!
Ich bestimme hier: Du machst hier nicht mit!"

Refrain
Doch wenn du glaubst …

5. Weißt du, liebe Gabi,
wir pfeifen auf die Barbie.
Wir gehn heut zu Sibylle,
die schüchtern ist und stille.
Die, die kann zwar kein Ballett,
doch Sibylle, die ist furchtbar nett.

6. Da wollen wir Späße machen,
und weint wer, dann nur vor Lachen.
Wir denken uns was aus,
und keiner fliegt dort raus.
Selbst Gabi, dich schmeißen wir nicht raus,
doch bitte lass die Zicke heut zu Haus.

Refrain
Und mit Sibylle zu spielen, das ist richtig schön
und nicht nur schön – schön blöd.
Auf den zweiten Blick sind manche Dinge richtig schön
und nicht nur schön – schön blöd.

Nachsatz
Dort spielen wir dann alle, auch die Gabi,
ohne Zicken, ohne Tränen und von mir aus auch mit Barbie!

Des Kalifs Pfeil und Bogen

Um die richtigen Schwiegertöchter zu finden, lässt der Kalif seine Söhne mit Pfeil und Bogen vom höchsten Turm des Palastes schießen. Doch dazu benötigen die Prinzen das richtige Handwerk, nämlich Pfeil und Bogen für die Brautwahl.

Alter: ab 5 Jahren
Material: Weidenäste (Ø ca. 15 mm), Messer, Nylonschnur, Federn, Watte, Stoffreste, Papprollen, Paketschnur, Buntstifte

Bogen

- Die Länge des Astes je nach Wunsch auswählen.
- Den Ast an beiden Enden mit dem Messer einkerben.
- An beiden Enden des Astes die Nylonschnur so verknoten, dass der Bogen sich biegt und die Schnur spannt.
- Verzierungen und Schnitzereien machen den Bogen zu einem ganz persönlichen.

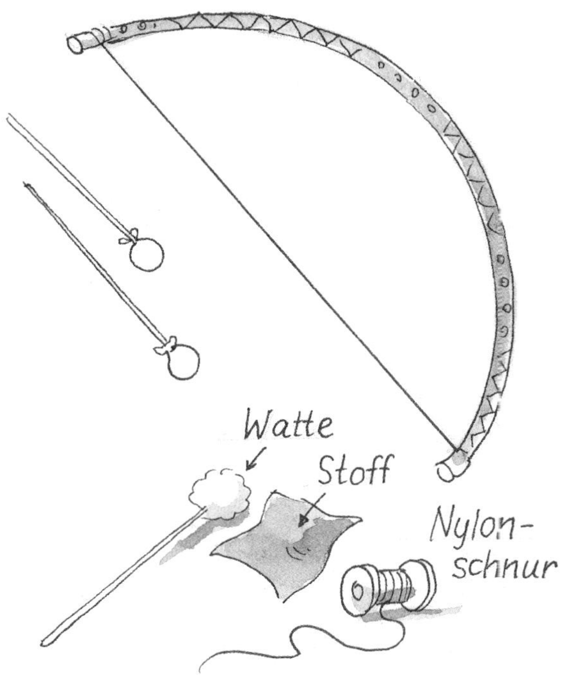

Pfeile

- An ein Ende des Weidenastes eine Kugel Watte aufsetzen, einen Stoffrest darüber stülpen und mit Nylonschnur verknoten.
- An das andere Ende eine Einkerbung schnitzen, so hält der Bogen stabiler beim Spannen.
- Federn und Schnitzereien dienen zur Zierde.

Köcher

- Ein Ende der Papprolle mit Stoffresten überziehen und diese mit Nylonschnur fixieren.
- An das andere Ende seitlich zwei Löcher piksen und die Paketschnur als Trageschlaufe verknoten.
- Mit Buntstiften orientalische Muster auf den Köcher malen und mit Federn und Stoffresten verzieren.

Tavos Volltreffer

Pfeil- und Bogenspiel

Alter: ab 5 Jahren
Material: 3 Schuhschachteln, Plakafarbe, Pinsel, doppelseitiges Klebeband, Klebstoff, Glitzer, Pfeil und Bogen (➔ linke Spalte), Glitzersteine

Vorbereitung

- Zwei Schuhkartons mit Plakafarbe innen und außen in einen Palast verwandeln.
- In ein aufgemaltes Fenster des einen Kartons Mohas Frau malen, die herausschaut.
- In ein Fenster des anderen Kartons Sedas Frau malen.
- Die Schuhkartons mit Glitzer verzieren.
- Den dritten Schuhkarton in grünen und braunen Farben zu einem Garten gestalten, in dem die Schildkröte lebt.
- Nach dem Trocknen die drei Schuhkartons mit doppelseitigem Klebeband zu einer Pyramide zusammenkleben.

Spielverlauf
Die Häuserpyramide dient als Zielscheibe und wird an eine Wand gestellt. Je nach Alter der Kinder kennzeichnet die Spielleitung eine Linie, hinter der sich die „Söhne des Kalifen" aufstellen. Nacheinander schießen die Kinder auf die Häuserpyramide und versuchen, in den Garten bzw. das Haus der Schildkröte zu treffen. Das Kind, das mit Pfeil und Bogen trifft, erhält einen Glitzerstein! Wer in die Häuser der boshaften Frauen zielt, geht leider leer aus. Das Kind, welches als erstes drei Glitzersteine hat, gewinnt!

Mit Ziege, Gans & Schildkröte

Alter: ab 4 Jahren
Material: Klebeband, pro Kind 1 Kissen, je 3 Bilder von Schildkröte, Gans und Ziege, 1 großer Würfel, Glitzerstein

Vorbereitung
Im Bewegungsraum mit Klebeband drei „Strichhäuser" mit etwas Abstand auf den Fußboden kleben und mit einem Bild der drei Tiere kennzeichnen. Den Würfel mit jeweils zwei Bildern der Tiere bekleben. Die Kissen am Spielfeldrand beliebig verteilen.

Spielverlauf
Die Spielleitung oder ein Kind würfelt. Zeigt der Würfel eine Gans, watscheln die Kinder „quakend" um das Haus der Gans. Zeigt er eine Ziege, muss um das Haus der Ziege auf allen Vieren „gemeckert" werden. Zeigt der Würfel eine Schildkröte, wird möglichst schnell ein Kissen auf den Rücken gepackt und auf allen vieren um das Haus der Schildkröte gekrabbelt, ohne dass das Kissen herunterfällt.
Das Kind, das am langsamsten bei der Umsetzung der gewürfelten Aufgabe ist oder das Kissen beim Krabbeln verliert, setzt sich in das gerade umrundete Haus und scheidet somit aus.
Das Kind, das als letztes übrig bleibt, gewinnt einen Glitzerstein.

Schildkrötenrennen

Alter: ab 4 Jahren
Material: kleine Kissen, Weichbodenmatte, 2 Langbänke, Reifen, Softball; evtl. Stoppuhr
Vorbereitung: im Bewegungsraum einen Parcour aus Weichbodenmatte, zwei Langbänken, Reifen und Softball aufbauen

Die Kinder stellen sich hintereinander auf allen vieren vor der Weichbodenmatte auf. Die Spielleitung legt jedem Kind ein Kissen auf den Rücken und gibt das Startsignal. Die Aufgabe besteht darin, den gesamten Parcour zu überwinden, ohne das Kissen dabei zu verlieren. Fällt das Kissen zu Boden, muss von vorne begonnen werden. Das Spiel endet nach zwei Runden.

- *Weichbodenmatte:* krabbeln
- *1. Langbank:* ziehend überqueren
- *2. Langbank:* klein machen und unten durchkriechen
- *Reifen:* einmal umrunden
- *Softball:* mit der Nase bis zur Wand stupsen

Variante für Ältere
Bei älteren Kindern stoppt die Spielleitung die Zeit mit einer Stoppuhr. Das schnellste Kind, das den Parcour ohne das Kissen zu verlieren überwunden hat, gewinnt.

Ein Kraftmahl für den Kalifen

Eine Sinnesreise bis hin zur orientalischen Speise – einer überbackenen Gemüsepfanne aus dem Orient.

Alter: ab 5 Jahren
Material: 1 Schuhschachtel, Farbstifte, Schere, Prickel- oder Stricknadel
Zutaten: 250 g Reis, 1 Zwiebel, 1 Knoblauchzehe, 300 g Möhren, 200 g Zucchini, 1 ungespritzte Orange, Öl, Salz, Pfeffer, Kreuzkümmel, Zimt, 200 g Crème fraîche, 150 g Sahneschmelzkäse

Tasten und Riechen
- Die Schuhschachtel an den Außenseiten orientalisch gestalten.
- In die Stirnseite einen 10 cm großen Kreis als Tastöffnung schneiden.
- In die Mitte des Kartondeckels mit der Prickel- oder Stricknadel kreisförmig (etwa 10 cm) viele Löcher piksen. Diese dienen als Riechöffnung.

Bevor das eigentliche Kochen beginnt, lernen die Kinder die Zutaten mit allen Sinnen näher kennen.
- Das Gemüse sorgfältig waschen.
- Jeweils ein Gemüse oder Obst (Möhre, Zucchini, Zwiebel, Knoblauchzehe, Orange) in den Tastkarton geben.
- Die Kinder greifen nacheinander in die Schachtel und beschreiben, was sie fühlen. Vielleicht können sie es auch schon richtig benennen.
- Anschließend das Gemüse einmal durchschneiden, so dass sich die Gerüche entfalten können. In dieser Riechrunde auch Gewürze (Kreuzkümmel, Pfeffer, Zimt) hinzugeben.
- In der letzten Sinnesrunde probieren die Kinder die Zutaten im Rohzustand (Möhre, Zwiebel, Knoblauchzehe, Orange).
- Die Gemüsegeheimnisse werden gelüftet und benannt.

Zubereitung

- Reis nach Packungsangabe garen.
- Möhren schälen.
- Zwiebel und Knoblauch von der Schale befreien und klein würfeln.
- Möhren und Zucchini in feine Streifen schneiden.
- Alle Zutaten in eine Pfanne geben, 5 Minuten in Öl braten.
- Mit Salz, Pfeffer, Kreuzkümmel und etwas Zimt würzen.
- In eine geölte Auflaufform geben.
- Orange waschen, etwas Schale abreiben und auspressen.
- In einer Schüssel mit dem Schneebesen Crème fraîche, Schmelzkäse, Orangenschale und Orangensaft vermischen.

- Mit Salz und Pfeffer würzen und über das angebratene Gemüse geben.
- Bei 180 °C ca. 20 Minuten backen.

Bilha'na und guten Appetit!

Gemüsepfanne-Massage

Alter: ab 3 Jahren
Material: Matten oder Teppiche

Alle Kinder verteilen sich paarweise auf Matten oder Teppichen. Ein Kind liegt auf dem Bauch, das andere kniet daneben. Die Spielleitung spricht das Gedicht und massiert dabei auch ein Kind. Dadurch sehen die Kinder die Massageformen und können das Gehörte leichter umsetzen.

Obst und Gemüse schnell zur Hand, wir legen es auf den Spülbeckenrand.	*mit der Faust „Obst und Gemüse" auf dem Rücken sanft verteilen*
Unterm Wasser waschen und wieder zurück, Gemüse aufs Schneidebrett – Stück für Stück.	*Knetbewegungen machen und wieder mit der Faust auf dem Rücken sanft verteilen*
Nun schneiden wir alles klein, feine Streifen sollen es sein.	*mit der Handkante Schneidebewegungen machen*
Alles in den Topf und würzen, die Bratzeit mit Umrühren verkürzen.	*imaginär würzen und mit der aufgestellten Faust Rührbewegungen machen*
Crème fraîche und Käse kräftig rühren und schon mal den Ofen schüren.	*Rührbewegungen machen und den „Herd" anmachen*
Alles in 'ne Pfanne nun und schnell in den Ofen tun.	*mit den Handflächen Schiebebewegungen machen*
Uns'rer Pfanne ist's langsam heiß. Fertig! Serviert wird sie mit Reis!	*beide Handflächen auflegen und für einen kurzen Moment ruhen lassen*

Hassan, der Seiler

In einer bezaubernden Stadt im Morgenland lebte einst ein Seiler mit Namen Hassan. Er war ein glücklicher und zufriedener Mann, obwohl er sehr arm war. Denn sein großes Glück waren seine gütige Frau und fünf gesunde Kinder.

In Hassans Nachbarschaft lebten zwei wohlhabende Brüder, Saar und Saari. Sie waren außerordentlich freundlich und sehr großzügig. Doch sie hatten ein Problem. Sie stritten sich den lieben langen Tag. Behauptete der eine, der Wind bringe starken Regen, widersprach der andere: „Der Wind vertreibt die Wolken, die Sonne wird bald scheinen."

So gab es nichts, worüber Saar und Saari nicht stritten. Allzeit wollten sie ihre Ehre und ihr Ansehen verteidigen. Ein handfester Streit war das Spannendste für beide.

Eines Tages betraten sie den kleinen Laden von Hassan. Sie sahen die Armut des Seilers und wollten in ihrer Güte helfen. Saar flüsterte Saari zu: „Bruder, lass uns helfen! Ich werde dem armen Mann Geld schenken, damit er glücklich wird."

Saari erwiderte misstrauisch: „Denkst du wirklich, dein Geld macht Hassan froh? Reichtum allein macht nicht glücklich. Es verdirbt den Charakter! Doch wenn du gegen meine Meinung hältst, lass uns wetten! Dann werden wir sehen!"

Saar willigte ein, gab Hassan großzügig einen Beutel voller Münzen und sprach: „Lieber Hassan, dieses Geld wird dir helfen, dein Geschäft ordentlich zu führen!"

Hassan konnte sein Glück nicht glauben und dankte Saar von ganzem Herzen. Er versteckte das Geld in seinem Turban und lief zu seiner Frau, um von seinem unerwarteten Reichtum zu erzählen. Als er das Stadttor passierte und über die Felder lief, geschah es! Ein Adler flog auf ihn zu, krallte sich den Turban und flog damit davon. Der Seiler erschrak furchtbar und blickte dem Vogel nach: „Ich bin nicht traurig. Allah allein weiß, für was dies gut ist. Ich bin auch ohne Geld glücklich."

Ein paar Wochen später kamen die Brüder abermals in Hassans Laden. Saar war sich sicher, dass es dem armen Seiler nun besser gehen würde. Doch als er im Laden keine Veränderung bemerkte, fragte er enttäuscht: „Was ist geschehen? Was hast du mit meinem Geld gemacht?" Da erzählte Hassan die Geschichte. Saar wurde wütend und beschimpfte Hassan als Lügner. Saari besänftigte ihn und sprach: „Hassan ist ein ehrenwerter Mann. Er lügt nicht! Dein Geld hat ihm nichts gebracht. So lass mich nun versuchen, Hassan zu helfen." Und er gab dem Seiler ein Stück Blei: „Ich benötige es nicht mehr, ich möchte es dir schenken, Hassan." Saar lachte beherzt: „Mein Bru-

der! Was soll Hassan mit einem Stück Blei?" Doch der Seiler bedankte sich herzlich und legte das Stück Blei zu Hause zu allerlei anderem Krimskrams.

Eine Woche später klopfte es spät am Abend an Hassans Tür. Es war der Nachbar, der ihn anflehte: „Hassan, hilf mir! Meine Familie leidet Hunger. Ich kann meine Netze im Meer nicht auswerfen, da mir ein Gewicht als Beschwerung fehlt."

Hassan wollte helfen, da fiel ihm das Stück Blei ein, das er von Saari bekommen hatte. Er freute sich, Verwendung dafür zu haben, und schenkte es dem Nachbarn. Dieser bedankte sich herzlich und versprach: „Der erste Fisch, der mir heute Nacht ins Netz geht, soll deiner sein!"

Und wirklich! Der Nachbar klopfte am nächsten Morgen aufgeregt an Hassans Tür und zeigte stolz einen außerordentlich großen Fisch. Der Seiler freute sich und dankte dem Fischer.

Hassans Frau machte sich sogleich an die Arbeit, den Fisch fürs Mittagessen zuzubereiten. Doch was sah sie da! Im Bauch des Fisches glitzerte es! Ein Stein in funkelnden Farben purzelte auf den Tisch. Die Kinder freuten sich besonders über den schönen Stein und fingen gleich an, damit zu spielen. Doch als Hassan zum Mittagsmahl nach Hause kam und den Stein sah, rief er freudig: „Das ist kein Spielstein, meine lieben Kinder! Der Stein glitzert wie ein Diamant! Bestimmt bekommen wir dafür hundert Goldstücke!"

Und Hassan behielt Recht. Er tauschte den Edelstein auf dem Basar in viel Geld ein, das ihn zu einem reichen Mann machte.

Hassan teilte seinen gewonnenen Schatz mit der Familie seines Nachbarn, des Fischers, und machte auch diese sehr glücklich. Mit dem restlichen Geld erweiterte er seinen Laden. Er kaufte allerlei Seile und handelte erfolgreich damit. Bald sprach es sich herum, dass Hassan der tüchtigste und reichste Seiler der Stadt war.

Auch Saar und Saari hörten erfreut diese Neuigkeit und im selben Moment begannen sie natürlich darüber zu streiten, wer von beiden für den Reichtum Hassans verantwortlich war. Sie beschlossen, Hassan in seinem wunderschönen neuen Haus zu besuchen und ihn zu fragen. Saar war sich sicher, dass Hassan die Geschichte vom stehlenden Adler nur erfunden hatte und sagte: „Hassan, gib es zu, du hast das Geld behalten und so bist du ein reicher Mann geworden!"

Der Seiler entgegnete: „Ich schwöre bei Allah, ich habe euch nicht belogen! Es war das Stück Blei, das mir geholfen hat. Hört zu, ich will euch die Geschichte erzählen."

Saari freute sich, als er Hassans Worte hörte. Doch Saar wollte nicht einsehen, dass sein Vorschlag, mit Geld den Seiler reich zu machen, nicht funktioniert hatte. Wieder stritten sich die Brüder fürchterlich. Da erblickte Hassan plötzlich auf einem großen Baum in seinem Garten etwas Sonderbares.

„Ich will hinaufklettern und schauen, was sich dort in den Ästen verbirgt", unterbrach der Seiler die beiden Zankbrüder und bestieg den Baum.

„Bei Allah! Es ist mein Turban, den der Adler mir einst gestohlen hatte!", rief Hassan von der Krone des Baumes herab. Unten angekommen wickelte er den Turban schnell auf und schon fiel das Säckchen Geld, das einer der Brüder ihm vor langer Zeit gegeben hatte, heraus.
Saar erkannte, dass er Hassan zu Unrecht verurteilt hatte, und bat ihn um Verzeihung: „Du hast die ganze Zeit über die Wahrheit gesagt! Und ich Narr dachte, Geld würde dich reich machen. Dabei war es das Stück Blei, das dir geholfen hat!"
Hassan vergab ihm: „Nein, nicht allein das Stück Blei. Es war die großzügige Hilfe zweier Brüder und die Güte Allahs, die mir zu diesem Reichtum verholfen haben. Ich danke euch beiden dafür!"
So feierten sie ein großes Fest, zu dem viele Menschen eingeladen wurden. Es ging sehr ausgelassen zu und es fehlte an nichts. Und Saar und Saari schafften es tatsächlich, sich an diesem Abend einmal nicht zu streiten.

Die Nacht neigte sich dem Ende zu und der Tag kündigte sein Erwachen an, als Scheherazade schwieg.
Schahrirar dachte lange nach und sprach dann: „Du hattest Recht, Scheherazade. Die Geschichte lehrt mich, dass Geld nicht immer glücklich macht. Die zwei Brüder sind wirklich furchtbare Streithähne."
Scheherazade entgegnete: „Ja zur Freude von Hassan! Ich weiß noch eine spannende Geschichte."
Der König wurde neugierig: „Welche hast du denn für mich?"
„Wenn du mich nicht wegschickst, werde ich dir von Ali erzählen! Dem geschicktesten Dieb aller Zeiten!", versprach Scheherazade geheimnisvoll.
Schahrirar stimmte zu und schenkte ihr eine weitere Nacht.
Und so erzählte die Schöne in der nächsten Nacht von Ali, dem Meisterdieb.

Streiten ist ganz normal

Nr. 10

Musik: Thorsten Wadowski & Qusai Zureikat | Text: Thorsten Wadowski

Nicht nur bei den Brüdern Saar und Saari gibt es oftmals einen heftigen Streit! Auch die Tiere im Zoo zanken miteinander und meckern den lieben langen Tag! Doch was wäre ein Streit, wenn man sich hinterher nicht wieder vertragen würde?

Im Zoo gab's heut die ganze Zeit
nur Zank und Zoff und Streit.
Das Faultier sagt beleidigt:
„Alle sagen, ich bin faul."
Das Maultier schimpft:
„Die Ziege meckert, dass ich sie anmaul'."
Und wütend schreit das Stinktier:
„Die sagen, ich stink hier!"
Und alle bellen, kläffen durcheinander wild im Streit.
Das Lama spuckt, die Katze kratzt
und da ist es so weit.
Die Giraffe, die sagt jedenfalls:
„Aufhör'n! Aufhör'n! Ich krieg' echt so 'nen Hals!

Refrain
Streiten ist ganz normal,
dass Freunde sich was sagen.
Doch wichtig ist beim Streiten,
hinterher vertragen!
Hauen, Kratzen, Beißen,
das ist beim Streit verboten.
Und wenn der Streit vorüber ist,
dann reicht man sich die Pfoten!
und wenn der Streit vorüber ist,
reicht man sich Huf`und Pfoten.

Und die kleine Mücke spendet laut Applaus:
„Bitte macht aus mir nie 'nen Elefanten draus!"

Refrain
Streiten ist ganz normal …

Und die Wiesenkröte, die sagt dann:
„Komm, sei kein Frosch, stell dich nicht so an!"

Hassans Seilspiele

In Hassans Laden gibt es allerlei Seile zu kaufen. Alle sind stabil, von unterschiedlicher Länge und erfüllen ihren Zweck. Hassans fünf Kinder entdecken diese Seile für ihr Spiel und haben Riesenspaß dabei.

Alter: ab 3 Jahren
Material: 1 langes Seil (ca. 3 m), Seile mit unterschiedlicher Länge

✧ Leilas Affenschaukel
Die Kinder schlüpfen in die Rolle von Leila.
Die Spielleitung zieht über einen dicken Ast im Garten ein Seilende und verknotet dieses mit dem anderen Ende des Seiles. Leila klettert am liebsten daran hoch, und wenn sie sich ausruhen möchte, benutzt sie das Seil als Schaukel.

✧ Asras & Ayubs Kreisel
Die Kinder schlüpfen in die Rolle von Asra und Ayub.
Asra wickelt ein Ende des Seiles um ihre Hand und hält es fest. Sie schwingt es knapp über dem Boden und dreht sich dabei im Kreis.
Ayub läuft in den Kreis und hüpft über das andere Seilende. Das macht Spaß! Er ruft seine anderen Geschwister und alle springen mit. Asra dreht sich immer schneller. Das Kind, das das Seil zum Stoppen bringt, darf Asras Rolle übernehmen.

✧ Kräftemessen
Die Kinder schlüpfen in die Rolle von Sahid und Tahir.
Sahid und Tahir kennzeichnen auf der Wiese eine Linie mit einem Seil.
Sahid nimmt ein Seilende und stellt sich auf die rechte Seite, Tahir fasst an das andere Seilende und geht auf die linke Seite.
Papa Hassan gibt das Startzeichen: „Yalla! Yalla!“ Daraufhin ziehen beide Jungen mit aller Kraft so lange am Seil, bis einer über die Linie gezogen wird.

Variante
Dieses Spiel lässt sich auch mit allen Geschwistern und Freunden in der Mannschaft spielen.

✧ Der Hochspringer Tahir
Die Kinder schlüpfen in die Rolle von Sahid, Ayub und Tahir.
Sahid und Ayub halten das Seil 0,5 m vor einem Sandkasten locker in Wadenhöhe. Tahir nimmt Anlauf, springt über das Seil und landet weich im Sand. Die Geschwister erhöhen den Abstand zur Erde auf Kniehöhe. Tahir springt erneut. Das geht so lange, bis er am Seil hängenbleibt.

✧ Leila & Asras Schwungseil
Die Kinder schlüpfen in die Rolle von Leila und Asra. Während die einen Kinder in die Höhe springen, vergnügen sich die anderen mit Seilkunststücken beim Seilschwingen.
Leila und Asra knoten ein Seilende an einen Pfosten in 1 m Höhe, das andere Ende hält Asra in der Hand und schwingt es langsam. Leila springt ins Seil und hüpft so lange, bis es zum Stoppen kommt. Dann ist Asra mit Springen an der Reihe. Sie schafft es sogar, wenn Leila besonders schnell schwingt, und das auf einem Bein!

✧ **Papa Hassans Kreativkurs**
Die Spielleitung spielt Hassan, der an seine Schützlinge unterschiedlich lange Seile verteilt und ihnen zeigt, wie man daraus Muster und Formen legen kann, z. B. den Morgenstern, die Sonne oder eine Schlange.

Schatzfisch

Ein Wurfspiel für verborgene Schätze in Fischbäuchen.

Alter: ab 3 Jahren
Material: fester, blauer Filzstoff (ca. 120 × 80 cm), feste Filzreste in Rot, Grün und Gelb, Schere, Klebstoff, Glitzersteinchen, Glitzerstaub, Klettband, Stift, Papier, Tischtennisball

Vorbereitung
- ✧ Aus Filzresten in derselben Farbe zehn Fische mit etwa 10 cm Länge schneiden.
- ✧ Aus bunten Filzresten Mund, Augen und Schuppen ankleben.
- ✧ Mit Glitzersteinchen die Fische nach Belieben aufpeppen.
- ✧ Alle Fische sollten möglichst gleich aussehen und nicht voneinander unterschieden werden können.
- ✧ Auf die Rückseite aller Fische einen 8 cm langen Streifen Klettband (die Seite mit den Haken) kleben.
- ✧ Das jeweilige Gegenstück des Klettbandes gut verteilt auf den großen Filzstoff, der als Spielfeld dient, kleben.
- ✧ Auf die Rückseite eines Fisches aus Glitzerstaub einen Schatz, z. B. ein Glitzersteinchen ankleben. Dies ist der Schatzfisch.
- ✧ Auf kleine Zettel Aufgaben malen oder schreiben, z. B. hüpfe 10 × auf einem Bein, zähle rückwärts von 10 bis 0, schnipse mit den Fingern, wiehere wie ein Pferd, hüpfe und quake wie ein Frosch.
- ✧ Auf alle übrigen Fische die Aufgabenzettel mit Klebstoff kleben.
- ✧ Auf den Tischtennisball Klettband (mit Haken) kleben. Das ist der Spielball.

Die Spielleitung hängt das Spielfeld an einer Wand oder Tür auf. Sie klettet alle Fische versteckt an, so dass die Kinder nur die identischen Vorderseiten der Fische sehen und nicht wissen, welcher Fisch der Schatzfisch ist.

Spielverlauf
Alle Kinder stellen sich hintereinander mit zwei bis drei Metern Abstand voneinander auf. Das erste Kind zielt mit dem Ball auf einen Fisch. Trifft es einen, dreht es diesen um und schaut, ob er der Schatzfisch ist. Ist er es nicht, muss das Kind die Aufgabe, die auf dem Fischbauch steht, erfüllen und das nächste Kind wirft den Spielball. Trifft das Kind keinen Fisch, ist sofort das nächste Kind an der Reihe.
Das Kind, das den Schatzfisch trifft, gewinnt.

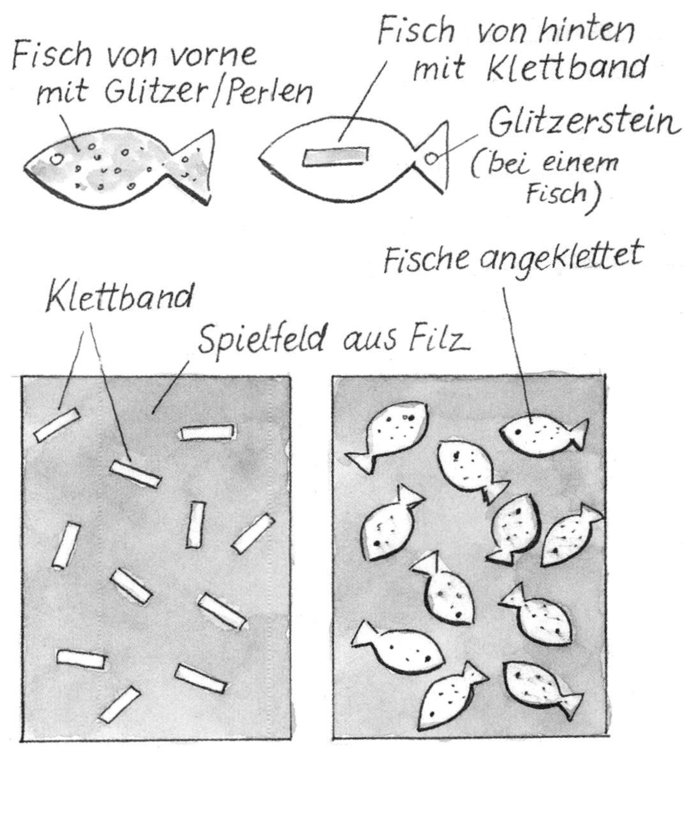

Die rosa Unterhose

Nr. 15

Musik: Thorsten Wadowski & Qusai Zureikat | Text: Thorsten Wadowski

Saar und Saari zanken sich um alles und jeden. Sie fürchten sich auch vor allerlei unterschiedlichen Dingen. Doch keine Angst! Hassan hat eine Idee, wie er die Streithähne mit einem kleinen Tänzchen an seinem Seil besänftigt, um ihre Angst fortzujagen. Und alles ist wieder gut!

1. Wenn der dicke Max wieder den dicken Max markiert
und dich ärgert und mit kleinen weißen Kugeln bombardiert
und dich piesackt und dich stupst, an den Haaren zieht und schubst.
Und du find'st das so gemein, weil Max ist groß, und du bist klein.
Doch dir fehlt's an Mut, du kochst wie ein Spagettitopf vor Wut!

Refrain
Stell dir den Max in einer rosa Unterhose vor,
ri-ra-rosa Unterhose vor,
mit 'nem Häschen drauf mit 'nem langen rosa Ohr,
Hi-Ha-Häschen mit 'nem rosa Ohr.
Und Abarakadabara – weg ist deine Wut
und du sagst: „Kleiner Max, es wird alles wieder gut!"

2. Und brüllt der strenge Englischlehrer dich mal laut und böse an,
nur weil er dich und Kinder überhaupt nicht leiden kann,
und gibt dir eine Strafarbeit und zum Nachsitzen noch Zeit.
Und du find'st das so gemein, weil der ist groß, und du bist klein.
Doch dir fehlt's an Mut, und du kochst wie ein Spagettitopf vor Wut!

Refrain
Stell dir den Englischlehrer in 'ner rosa Unterhose vor …
… Und Abarakadabara – weg ist deine Wut
und du sagst: „Hey, Teacher, es wird alles wieder gut!"

3. Und liegst du nachts im Bett und schläfst überhaupt nicht ein,
weil du hast Angst, ein Monster kriecht zu dir ins Bett herein,
um dich als Abendessen samt Schlafanzug zu fressen.
Und du find'st das so gemein, denn das ist groß, und du bist klein.
Und du zitterst so viel, wie am Nordpol zittert nur ein Krokodil.

Refrain
Stell dir das Monster in 'ner rosa Unterhose vor …
… Und Abarakadabara – vorbei ist das Grausen
und du sagst: „Hey, Monster, zieh ab nach Monsterhausen!"

Nachsatz
Merk dir, rosa Hasenunterhosen sind 'ne Wucht,
denn damit schlägst du alle in die Flucht!

Seiltanz mit rosa Unterhose

Alter: ab 3 Jahren
Material: 1 langes Seil (ca. 10 m), „Die rosa Unterhose" (CD Nr. 5); evtl. Glöckchen
Vorbereitung: Das Seil an den Enden verknoten.

Im Bewegungsraum halten sich mindestens zwölf Kinder am Seil fest und bilden einen Kreis. Die Spielleitung leitet den Tanz durch kurze Aussagen bzw. Vormachen an.

1. Wenn der dicke Max wieder den dicken Max markiert
(rechts im Kreis laufen)
– uh, ah –
(stehen bleiben, Füße rechts und links von sich strecken)
und dich ärgert und mit kleinen weißen Kugeln bombardiert
(rechts im Kreis laufen)
– uh, ah –
(stehen bleiben, Füße rechts und links von sich strecken)
Und dich piesackt und dich stupst, an den Haaren zieht und schubst.
(Kniebeugen machen)
Und du find'st das so gemein, denn Max ist groß, und du bist klein.
(links im Kreis laufen)
Doch dir fehlt's an Mut, du kochst wie ein Spagettitopf vor Wut!

Refrain
Stell dir den Max in einer rosa Unterhose vor,
(Seil hochhalten, auf- und abhüpfen)
ri-ra-rosa Unterhose vor,
mit 'nem Häschen drauf, mit 'nem langen rosa Ohr,
(in die Hocke gehen und wippen)
Hi-Ha-Häschen mit 'nem rosa Ohr.
Und Abarakadabara weg ist deine Wut
(einmal in die Luft springen)
und du sagst: „Kleiner Max, es wird alles wieder gut!"

2. Und brüllt der strenge Englischlehrer dich mal laut und böse an
(rechts im Kreis laufen)
– lau, lau, lau –
(stehen bleiben, Füße rechts und links von sich strecken)
nur weil er dich und Kinder überhaupt nicht leiden kann,
(rechts im Kreis laufen)
– schimpf, schimpf –
(stehen bleiben, Füße rechts und links von sich strecken)
und gibt dir eine Strafarbeit und zum Nachsitzen noch Zeit.
(Kniebeugen machen)
Und du find'st das so gemein, weil der ist groß, und du bist klein.
(links im Kreis laufen)
Doch dir fehlt's an Mut, und du kochst wie ein Spagettitopf vor Wut!

Refrain
Stell dir den Englischlehrer in 'ner rosa Unterhose vor …
(s. o.)
Und Abarakadabara – weg ist deine Wut
(einmal in die Luft springen)
und du sagst: „Hey, Teacher, es wird alles wieder gut!"

3. Liegst du nachts im Bett und schläfst überhaupt nicht ein
(rechts im Kreis laufen)
– uh, uh –
(stehen bleiben, Füße rechts und links von sich strecken)
weil du hast Angst, ein Monster kriecht zu dir ins Bett herein,
(rechts im Kreis laufen)
– uh, uh –
(stehen bleiben, Füße rechts und links von sich strecken)
um dich als Abendessen samt Schlafanzug zu fressen.
(Kniebeugen machen)
Und du find'st das so gemein, weil das ist groß, und du bist klein.
(links im Kreis laufen)
Und du zitterst so viel, wie am Nordpol zittert nur ein Krokodil.

Refrain
Stell dir das Monster in 'ner rosa Unterhose vor …
(s. o.)
… Und Abarakadabara – vorbei ist das Grausen
(einmal in die Luft springen)
und du sagst: „Hey, Monster, zieh ab nach Monsterhausen!"

Nachsatz
Merk dir, rosa Hasenunterhosen sind 'ne Wucht,
(alle zur Mitte laufen, die Arme jubelnd nach oben)
denn damit schlägst du alle in die Flucht.

Variante
Mit einem dünneren Seil können Glöckchen aufgefädelt werden, die als Klangeinlage dienen.

Fingerstreiten

Auch Finger haben ab und zu mal Streit!

Alter: ab 3 Jahren

Die Kinder bilden eine Faust und zeigen nacheinander bei jeder Zeile einen anderen Finger.

„Schaut mich an, ich bin wunderschön und dick!"	*Daumen zeigen*
„Du? Was für ein Quatsch! Ich bin der Wichtigste und schick!"	*Zeigefinger zeigen*
„Ich bin der Allerlängste von euch, seht zu mir hin!"	*Mittelfinger zeigen*
„Ihr Angeber, guckt, wie schön schlank ich bin!"	*Ringfinger zeigen*
„Hört auf zu streiten! Lasst es sein!	*Kleinen Finger zeigen*
Wir sind Freunde, egal ob groß oder klein!"	*Alle Finger tanzen*

Streiten kann soooo schön sein!

Saar und Saari messen gerne ihre Kräfte. Mit fairen Mitteln macht das einen Riesenspaß! Die beiden Brüder zeigen ihre Lieblingsstreitspiele!

Alter: ab 4 Jahren
Material: Kreide, 2 Turbane (➔ S. 16), Darbouka (➔ S. 29) oder Trommel
Vorbereitung: Mit der Kreide mehrere Kreise von etwa drei Metern Durchmesser auf den Boden malen.

Vor dem Streiten lernen alle erst einmal die Fair-Play-Regeln:

1. Ruft ein Kind „STOP", wird das Spiel sofort unterbrochen und gestoppt.
2. Beleidigen, Hauen, Kratzen, Beißen und gegenseitiges Wehtun sind verboten!

✧ **Ring frei mit Saar**
Zwei Kinder setzen sich mit dem Rücken zueinander in einen Kreidekreis. Die Arme verschränken sie miteinander.
Beide Kinder versuchen, sich gegenseitig aus dem Kreis zu drücken. Das Kind, das als erstes die Linie überschreitet, hat verloren.

✧ **Turban-Klau mit Saari**
Zwei Kinder treten gegeneinander an und stellen sich in einen Kreis. Jedes trägt einen Turban auf dem Kopf. Beide Kinder versuchen, innerhalb des Kreises den Turban des anderen zu klauen. Wem gelingt dies zuerst?

✧ **Tierischer Streit mit Saar**
Zwei Kinder stellen sich im Vierfüßlerstand in einen Kreidekreis. Ein Kind stellt einen Löwen, ein anderes einen Tiger dar. Die beiden drängen sich, ohne sich zu berühren, gegenseitig aus dem Kreis. Dabei dürfen sie schimpfen, bellen, fauchen, Krallen zeigen, die Augen aufreißen, und was ihnen sonst noch so einfällt. Wer den anderen berührt, scheidet aus.

✧ **Saaris Wut-Weg-Spiel**
Alle Kinder laufen zum Trommelschlag der Spielleitung im Bewegungsraum durcheinander. Stoppt die Musik, ärgern sich alle Kinder so richtig doll. Sie stampfen auf den Boden, motzen vor sich hin, zeigen die Faust oder machen eine Schnute. Dabei dürfen sich die Kinder gegenseitig nicht berühren und nicht lachen! Das Kind, bei dem dies doch geschieht, scheidet aus. Wer sich am längsten im Spiel halten kann, gewinnt.

Ali, der Meisterdieb

Ein junger Mann mit Namen Ali lebte zur Zeit des Kalifen Abduran im fernen Arabien. Ali verdiente sein Geld mit Gaunereien. Er nahm den Menschen ihr Geld weg! Doch er achtete immer darauf, wen er bestahl, und betrog niemals arme und bedürftige Menschen. Ali fügte keinem Mann Schaden zu, der sich ohnehin schon sorgen musste, wie er seine Familie ernähren sollte. Und er wollte auch nicht, dass sein Diebstahl auf Unschuldige fiel. Deshalb stellte sich Ali besonders geschickt an. Der Räuber nahm es den Reichen weg, die in Unmut lebten und böse waren. Dies handelte ihm bis weit über die Grenzen hinaus den Namen „Ali, der Meisterdieb" ein.

Ali gehörte einer Bande von Räubern an, die zusammen in den kargen Wäldern vor den Mauern der Stadt wohnten. Eines Tages schlichen Alis Freund Ebur und er durch die Gassen des Basars und beobachteten einen Geldwechsler. Dieser war ein hochgewachsener, kräftiger Mann mit einem dunklen Bart. Man sah ihm die Gier und Habsucht an. Er wollte den Menschen Schaden zufügen, um selbst Reichtum zu erlangen. Und das gelang ihm anscheinend. Ebur sagte lachend: „Ali, diesem Geizkragen wirst du wohl helfen müssen, damit er nicht so schwer zu tragen hat! Erleichtere ihn um ein paar Münzen!" Ali erwiderte schmunzelnd: „Nichts leichter als das! Mit dem allergrößten Vergnügen helfe ich diesem Gierkopf! Warte im Wald auf mich. In einer Stunde bin ich mit einem Beutel Münzen zurück. Wirst schon sehen!"

Ali folgte dem Geldwechsler durch die Menschenmenge bis zu dessen Zuhause, ein prächtiges Haus, das er sich durch hinterlistige Geschäfte erschlichen hatte. Durch die weit geöffneten Fenster beobachtete Ali, wie der Geldwechsler den Sack voller Münzen auf eine Bank warf und seiner Dienerin befahl, ihm im Nebenraum ein Bad zu bereiten. Diesen Augenblick nutzte Ali, sprang durchs Fenster, schnappte sich den Geldsack und lief rasch hinaus zu Ebur in den Wald. Stolz zeigte er seine Beute und strahlte über seinen Erfolg.

Aber Ebur erwiderte sein Lachen nicht: „Du Narr! Was bist du wohl für ein einfältiger und gewöhnlicher Räuber! Was du getan hast, kann doch jeder! Glück hattest du! Aber hast du auch nur einmal an die arme Dienerin gedacht! Der Geldwechsler wird nun sie für den Diebstahl verantwortlich machen. Er wird sie bis aufs Bitterste bestrafen und sie aus seinem Haus weisen! Nein, Ali, auf diese Tat kannst du nicht stolz sein!"

Ali verstand seine Missetat und bereute sie schwer: „Das wollte ich nicht! Der Dienerin soll nichts geschehen! Ich wollte doch nur den habgierigen Mann bestrafen! Aber ich werde es wiedergutmachen, Ebur! Ich werde dir beweisen, dass in mir wahrlich ein Meisterdieb steckt!"
Und er machte sich mit dem Geldbeutel auf in die Stadt zu dem Haus des Geldwechslers und schaute abermals durch das Fenster. Da bewahrheiteten sich Eburs schlimme Befürchtungen. Der Geldwechsler schrie die Dienerin an, warf ihre Kleider aus der Kammer und wollte sie ohne Essen und Trinken wegschicken. Die Dienerin weinte bitterlich! Schnell klopfte Ali an die Tür.
„Was willst du?", fragte der Geldwechsler wütend.
„Ich bin Hassan, der Knecht eures Nachbarn, und soll euch von meinem Herrn fragen, warum ihr so unbekümmert euren Sack voller Münzen vor eurem Laden auf die Straße werft und weggeht? Jedermann kann ihn zu sich nehmen!", erwiderte Ali ruhig und zeigte den Beutel.
Der Geldwechsler murmelte verlegen: „Bei Allah, es ist wahr, das ist mein Geld! Wo war ich nur mit meinen Gedanken? Ich hätte schwören können, dass ich den Beutel auf die Bank gelegt habe!"
Ali sagte: „Ist viel Geld darin?"
„O ja, einen Monat kann ich davon leben. Ich danke dir!", sagte er erleichtert. „Ich werde dir einen kleinen Finderlohn geben!"
Ali antwortete großzügig: „Nein danke, das müsst ihr nicht! Tut mir nur den einen Gefallen und gebt meinem Herrn Brief und Siegel, dass ich das Geld euch übergeben habe. Mehr möchte ich nicht!"
Der Geldwechsler ging in sein Büro nebenan und schrieb einen Brief.
Währenddessen nahm Ali schnell ein paar Münzen aus dem Beutel und gab sie der Dienerin. Diese wartete einen Augenblick, bevor sie laut zu schreien begann: „Ein Räuber, Hilfe, lauft ihm nach!" Doch Ali lief rasch in den Wald zurück zu Ebur.
Erleichtert sagte er: „Die Dienerin muss keine Strafe mehr befürchten!"
Ebur klopfte Ali auf die Schultern und entgegnete stolz: „So handelt wahrlich ein Räuber, der den Namen ‚Meisterdieb' verdient hat!"

Die Nacht neigte sich dem Ende zu und der Tag kündigte sein Erwachen an, als Scheherazade schwieg.
„Ali ist wirklich ein feiner und geschickter Dieb! Wurde er nie bei seinen Taten ertappt?", fragte König Schahrirar verwundert.
„Doch, doch! Mehrmals wurde er verhaftet. Aber der König musste ihn jedes Mal ziehen lassen, da er Ali nichts nachweisen konnte!" Der König schüttelte nachdenklich den Kopf.

Räubertanz Masari

Psst! Hört ihr das? Ali, der Meisterdieb, zieht mit seinen Kumpanen durch das Land. Da klimpern Münzen, da klirrt das Gold in den Säckchen und es klappern die Hufe der stolzen Pferde!
Ein Tanzspiel, bei dem Räuber mit Geschicklichkeit und Schnelligkeit gefragt sind.
Ali ist mit seinem erbeuteten Säckchen unterwegs. Doch diesmal ist er nicht geschickt genug und wird erwischt. Schafft er es mit Reaktion und Wendigkeit, doch noch zu entkommen?

Alter: ab 4 Jahren
Material: Säckchen zum Zuziehen mit wertlosen Münzen (oder Schrauben, die klimpern auch), CD-Player, „Räubertanz Masari" (CD Nr. 12)

Alle Kinder stehen im Kreis. Die Spielleitung ernennt ein Kind zu Ali, dem Meisterdieb. Dieser stellt sich in die Kreismitte und bekommt die Schnur seines „Geldsäckchens" in die Hose oberhalb des Pos gesteckt. Das Säckchen bleibt für alle zu sehen.
Die Spielleitung startet die Musik. Dazu bewegen sich alle anderen Kinder grobmotorisch (breitbeinig, stampfend, laut klatschend) im Kreis zum Lied. Nach der Reihe darf jeweils ein Kind, während die Musik spielt, ebenfalls in die Kreismitte. Dieses versucht, Alis Geldsäckchen zu entwenden. Gelingt ihm das, geht Ali auf dessen Platz und das andere Kind übernimmt Alis Rolle und steckt sich das Säckchen hinten in die Hose. Dann geht das Spiel weiter.
Ist Ali so geschickt und schnell, dass das Säckchen nicht zu schnappen ist, endet die Runde, sobald das Lied aus ist. Er wird zum Meisterdieb erkoren und erhält eine Münze.
Das Lied läuft wieder an und das nächste Kind in der Reihe geht in die Kreismitte und spielt Ali.
Das Spiel endet, wenn alle Kinder einmal Ali waren.

Dem Meisterdieb auf der Spur

Nicht nur im Morgenland treiben Räuber ihr Unwesen! Ali und seine Bande machen auch vor unserer Haustür nicht Halt! Bei diesem Bewegungsspiel heißt es: Nicht austricksen lassen und schnell die Verfolgung aufnehmen!

Alter: ab 4 Jahren
Material: Stempelkissen, Papier, Farbstifte, kleine Haftnotizstreifen, Glitzerstein
Anzahl: 6 Kinder

Vorbereitung
- Die Kinder drücken ihren Daumen in das Stempelkissen und machen einen Abdruck auf ein Blatt Papier.
- Sie vergleichen die Abdrücke miteinander, denn kein Daumenabdruck gleicht dem anderen. Alle weisen unterschiedliche Muster und Feinheiten auf.

- Für das Spiel überlegt sich jedes Kind ein eigenes, leicht zu unterscheidendes persönliches Kennzeichen, z. B. einen Stern, Mond oder Herz, als „Daumenabdruck".
- Dieses Kennzeichen malt jedes Kind auf jeweils 20 Haftnotizstreifen und bewahrt diese bei sich auf. Sie werden im Spiel benötigt.

Spielverlauf

Alle sechs Kinder sitzen mit ihren „Daumenabdrücken" in der Hosentasche im Stuhlkreis. Ein „Daumenabdruck" klebt jeweils vor dem Kind auf dem Boden. Der Glitzerstein liegt in der Mitte. Die Spielleitung bestimmt zwei der sechs Kinder zu Dieben, indem sie einen Auszählreim spricht. Einer der Diebe schnappt sich den Glitzerstein und läuft zusammen mit dem anderen Dieb zur Tür hinaus. Die anderen Kinder beobachten zunächst das Geschehen. Unabhängig voneinander sucht der wahre Dieb ein Versteck. Der andere tut, als würde er etwas verstecken und täuscht eine Spur vor. Dabei hinterlassen beide Diebe Spuren in Form ihrer Haftnotizstreifen mit dem „Daumenabdruck". Auf der Flucht kleben sie diese in regelmäßigen Abständen an Gegenstände, Wände und Fußböden. Die Verfolger geben den Dieben einen Vorsprung von drei Minuten. Während dieser Zeit prägen sich die anderen vier Kinder den Daumenabdruck des wahren Diebes ein.
Schaffen es die Kinder, den richtigen Dieb, der den Glitzerstein hat, anhand der „Daumenabdrücke" zu erwischen?

Variante

Das Spiel wird mit der gesamten Kindergruppe gespielt. Dabei ergreifen mehrere Diebe die Flucht. Gelingt es trotzdem, den richtigen Dieb zu fassen?

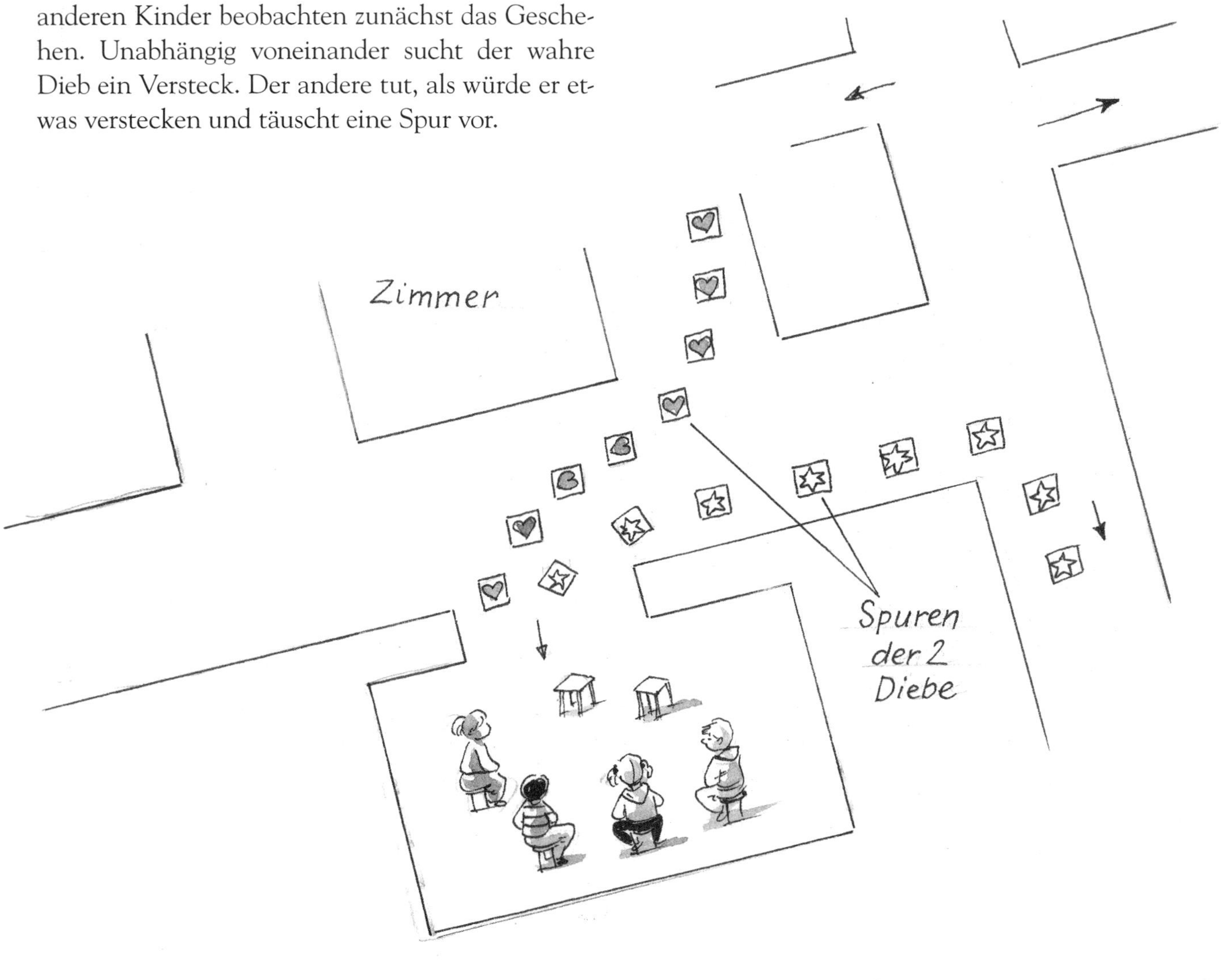

Ali, lass dich nicht erwischen!

Ali hat das Säckchen voller Gold gestohlen und möchte unbedingt unbemerkt und schnell zurück in den Wald zu Ebur. Dabei muss er einige Hindernisse überwinden.

Alter: ab 5 Jahren
Material: 2 Säckchen, 10 Spielmünzen, Massagebälle, leere Küchenpapierrollen, 8 Softbälle, 1 großes Leintuch, 2 Rollbretter, 1 lange Kordel, 1 Glöckchen

Die Spielleitung ernennt zwei Kinder zu einer Räuberbande und befestigt jeweils ein Säckchen mit fünf Spielmünzen an der Kleidung der Diebe.
Alle Kinder werden Hindernissen (→ rechts) zugeordnet und erhalten die dafür vorgesehenen Materialien und die Aufgaben.
Die Diebe sollen alle Hindernisse überwinden. Schaffen sie dies nicht, müssen sie an der jeweiligen Station der Spielleitung eine Münze geben.
Der Dieb, dem die Flucht in den Wald mit den meisten Münzen im Sack gelingt, gewinnt. Dann werden die Rollen neu verteilt.

Hindernis 1: Igel-Wanderung
Zwei Kinder rechts, zwei Kinder links setzen sich einander gegenüber und rollen sich jeweils einen Massageball als Igel zu. Die Diebe durchschreiten die Gasse, ohne von den Igelbällen gepiekst zu werden.

Hindernis 2: Holzfäller bei der Arbeit
Sechs Kinder verteilen sich paarweise im Raum mit zwei Metern Abstand zueinander. Die Holzfäller rollen ihre Baumstämme (Papprollen) hin und her. Die Diebe hüpfen zwischen allen Paaren über die Baumstämme, ohne diese zu berühren.

Hindernis 3: Schlammüberquerung
Mehrere Kinder sitzen im Kreis und halten das Leintuch fest. Die Spielleitung gibt die Softbälle auf das Tuch. Wellenbewegungen lassen die Bälle tanzen und verwandeln das Tuch in einen rutschigen, klitschigen Schlammboden. Die Diebe müssen diesen quer durchschreiten, ohne hinzufallen.

Hindernis 4: Baumflug
Drei Kinder stellen sich mit jeweils einem Meter Abstand voneinander in einer Reihe auf. Die Diebe setzen sich auf ihren Fliegenden Teppich (Rollbrett) und rollen in Schlangenlinien um die Kinder-Bäume. Es darf nicht abgekürzt und nichts berührt werden.

Hindernis 5: Bachüberwindung
Ein Glöckchen auf eine Kordel fädeln. Diese Kordel wird von zwei Kindern nach Wunsch gehalten (geschwungen, auf unterschiedlichen Höhen gespannt, usw.) und stellt einen Bach dar. Die Diebe durch- oder überqueren das Wasser. Erklingt bei Berührung das Glöckchen, muss eine Münze abgegeben werden.

Orientalischer Palast

Diese tolle Kartonkulisse für das Pantomimenspiel ist als Theaterkulisse oder im Freispiel einsetzbar.

Alter: ab 4 Jahren
Material: große Kartons, Stift, Pinsel, Plakafarbe, Cutter, Scheren, Klebeband, Dekorationsmaterial (z. B. Glitzerstaub, Perlen, Stoffreste, Decken, Kissen, Gardinen); evtl. 1 Eimer, Sand

- Auf die Kartonseiten mit einem Stift Fenster und Türen zeichnen und mit dem Cutter ausschneiden oder schlitzen.
- Orientalische Bögen und Türmchen aus Karton ausschneiden und an den Karton kleben, so dass eine Höhe von etwa einem Meter entsteht.
- Einen kleineren Karton unter einem Fenster anbringen, der als Fensterbrett oder Verkaufsstand dient.
- Den Kartonpalast mit bunter Farbe anmalen und mit Perlen und Glitzer verzieren.

Variante
Als zusätzliche Bäume in Kindergröße auf Karton die Form eines Baumes oder einer Palme aufzeichnen, ausschneiden, anmalen und in einen mit Sand gefüllten Eimer stecken.

Achtung
Der Cutter sollte nur von Erwachsenen verwendet werden!

Gauklerstück „Ali, der Meisterdieb"

Eine freie Theaterpantomime zum gleichnamigen Märchen (➜ S. 113).

Alter: ab 5 Jahren
Material: Kartonhaus und -bäume (➜ links), 3 Schals, 3 dunkle Tücher, farbige Tücher, 1 einfacher Schleier, braune Hosen, braune T-Shirts, grüne Mützen, grüne Socken, 1 Säckchen, Münzen; evtl. Filmkamera

Gemeinsam wird die Bühne dekoriert. Kartonbäume und ein Kartonhaus, das als Wohnhaus des Geldwechslers dient, bilden das Bühnenbild. Etwas weiter entfernt steht der „bewegte" Wald mit den Kinder-Bäumen, in dem Ebur auf Ali wartet.

Die Kinder schlüpfen in verschiedene Rollen. Die Spielleitung bespricht die Aufgaben, Verhaltensweisen und Charaktereigenschaften der Figuren und hilft beim Verkleiden.

- *Ali und Ebur:* schwarzer Turban aus einem Schal gewickelt, dunkler Stoff zum Umhängen
- *Geldwechsler:* farbiger Stoff zum Umhängen und Turban aus einem Schal gewickelt
- *Dienerin:* dunkler Stoff zum Umhängen und einfacher Schleier als Kopfschmuck
- *Bewegte Bäume:* braune Hose und T-Shirt, grüne Mütze, grüne Socken zum Überstülpen der Arme als Baumkrone

- *Pferde der Räuber:* braune Hosen und T-Shirts
- *Weitere Statisten:* Menschen in den Gassen und die Räuberbande

Die Spielleitung liest das Märchen von Ali, dem Meisterdieb vor. Die Kinder spielen ihre jeweilige Rolle pantomimisch nach. Jüngeren Kindern gibt die Spielleitung Tipps zur Umsetzung.

Varianten

- Die Kinder überlegen sich in Kleingruppen neue „diebische" Geschichten oder wie die Geschichte alternativ enden könnte. Diese Theaterstücke werden dann vor der Gruppe aufgeführt.
- Die Theaterstücke werden mit einer Kamera gefilmt. So können die Kinder ihren großen Auftritt selbst anschauen oder der Film kann den Familien ausgeliehen werden.

Überfall auf des Geldwechslers Haus

Ali möchte den Geldwechsler um ein paar Münzen erleichtern. Dies gelingt ihm mit viel Geschick und Glück bei diesem magnetischen Angelspiel!

Alter: ab 3 Jahren
Material: 1 hoher Schuhkarton, Pinsel, Plakafarbe, Glitzerstaub, Perlen, 2 Holzstäbe (30 cm lang), 2 Schnüre, 2 Magnete, 10 „alte" magnetische Münzen, 2 Säckchen; evtl. magnetische Gegenstände (z. B. Büroklammern, Schrauben)
Anzahl: 2 Kinder

Vorbereitung

- Mit Pinsel und Plakafarbe die Innen- und Außenseite des Schuhkartons als Haus gestalten.
- Glitzer und Perlen sorgen für einen orientalischen Stil.
- Das Haus trocknen lassen und mit zehn Münzen befüllen.
- Eine Schnur mit einem Magneten verknoten.
- Das andere Ende der Schnur am Holzstab befestigen.
- Die zweite Angel ebenso herstellen.

Spielverlauf

Das Haus steht in der Mitte des Tisches. Jedes Kind erhält eine Magnetangel und ein Säckchen. Die Kinder angeln abwechselnd und geben die „gestohlenen" Münzen ins Säckchen.
Das Kind mit den meisten Münzen im Sack gewinnt.

Varianten

- Das Haus anstatt mit Münzen mit allerlei magnetischem Krimskrams befüllen.
- Kinder ab 6 Jahren zählen die Werte der Münzen zusammen. Wer die höchste Punktzahl hat, gewinnt.

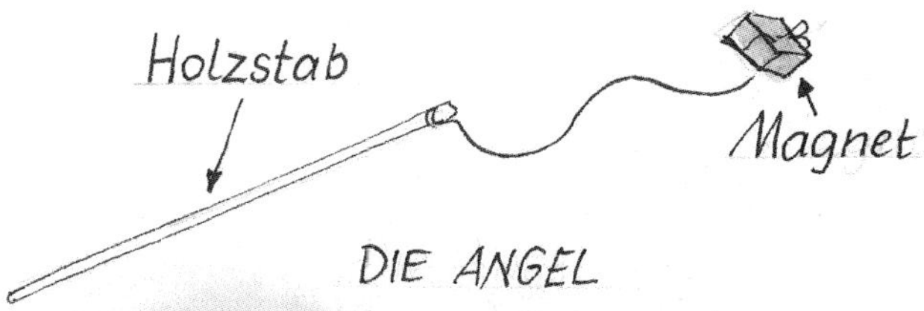

Weggetrickst

Ali ist ein besonders geschickter Dieb, der mit allerlei Tricks und Kniffs wohlhabende Leute um etwas Geld erleichtert. Mit diesem Trick bricht er das Licht und zaubert Münzen schwuppdiwupp weg!

Alter: ab 3 Jahren
Material: 2 Gläser, Wasser, 1 1-Cent-Münze
Vorbereitung: Wasser in ein Glas füllen. Unter (!) das andere, leere Glas die Münze legen.

- ✧ Die Zuschauer sehen die Münze, als wäre sie im Glas.
- ✧ Ali spricht geheimnisvoll seinen Zauberspruch und gießt dabei das Wasser des einen Glases in das andere, unter dem die Münze liegt.
- ✧ Dabei wird die Münze für die Zuschauer unsichtbar.
- ✧ Als „Beweis", dass die Münze verschwunden ist, zeigt Ali den Zuschauern das Glas mit Wasser und verdeckt dabei mit der anderen Hand die darunter liegende Münze.

Warum ist das so?
Ist das Glas leer, scheint das Licht gerade auf die Münze und macht sie sichtbar. Wird Wasser in das Glas gegeben, durchbricht das Licht die Sicht. Die Strahlen werden verwirrt. Der Zuschauer sieht dadurch die Münze nicht mehr. Dieses Phänomen nennt sich Lichtbrechung.

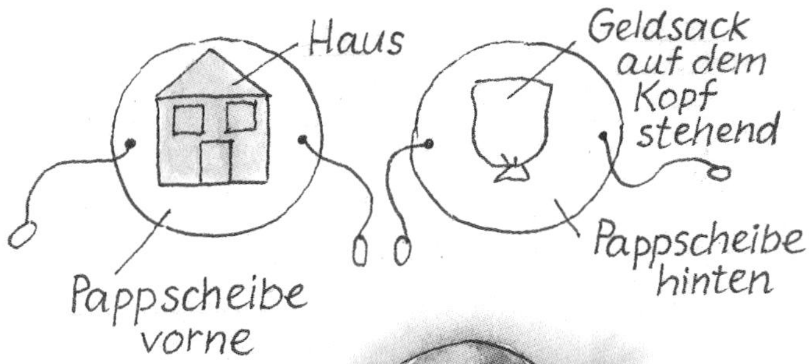

Dreh und weg

Ein weiteres Experiment mit optischer Täuschung

Alter: ab 5 Jahren
Material: weißer Pappkarton, Zirkel, Lineal, Schere, Stift, Faden, Locher

- ✧ Einen Kreis mit 8 cm Durchmesser auf Karton aufzeichnen und ausschneiden.
- ✧ Auf die eine Seite der Scheibe ein Haus mit Fenstern und einer Tür in der Mitte zeichnen.
- ✧ Auf die andere Seite in Höhe der Tür auf dem Kopf stehend einen Geldbeutel bzw. Sack zeichnen.
- ✧ Rechts und links davon ein Loch stanzen und einen jeweils 10 cm langen Faden verknoten. An die Enden der Fäden eine Schlaufe machen, durch die ein Finger geschoben wird.
- ✧ Die Fäden aufdrehen, indem man die Scheibe um die eigene Achse dreht.
- ✧ An beiden Fäden leicht ziehen, damit sich die Scheibe wieder zurück zwirbelt.

Dreht sich die Scheibe, wird der Beutel ins Haus gezaubert. Kommt die Scheibe zum Stehen, war Ali da – und der Beutel ist aus dem Haus verschwunden.

Warum ist das so?
Das Auge speichert die sich überlagernden Bilder für einen kurzen Augenblick. Dreht sich die Scheibe sehr schnell, überlappen sich die Bilder und die Motive auf beiden Seiten sehen wie ein Bild aus. Verlangsamt sich die Drehung, sind die Bilder separat zu sehen.

Die Münzpoliererei

Die Dienerin des Geldwechslers hat allerhand zu tun. Täglich bringt ihr Herr Geldsäckchen mit nach Hause, die sie auf Hochglanz polieren soll. Mit einem einfachen Trick schafft sie das im Handumdrehen.

Alter: ab 4 Jahren
Material: 125 ml Essig, 3 TL Salz, 1 Schüssel, 1-, 2- oder 5-Cent-Münzen, Pinzette; evtl. Büroklammer

- 125 ml Essig mit drei Teelöffeln Salz in einer Schüssel verrühren.
- Eine Münze mit der Pinzette in das Essiggemisch tauchen.
- Wie von Zauberhand wird die Münze strahlend sauber.

Warum ist das so?
Die Kupferteilchen der Münzen verbinden sich mit dem Sauerstoff in der Luft. Dabei entsteht Kupferoxid, das die Münzen schmutzig und matt erscheinen lässt. Das Essig-Salz-Gemisch löst diese Verbindung auf.

Schätze selbst verkupfern
- Büroklammer aus Eisen unter Wasser reinigen und über Nacht in dasselbe Essig-Salz-Gemisch legen, in dem vorher Münzen gereinigt wurden.
- Die Klammer färbt sich, als wäre sie aus Kupfer.

Warum ist das so?
Die Kupferteilchen der Münzen, die vorher im Gemisch lagen, lagern sich auf der Büroklammer ab.

Körperkunst

Viele Diebe, wie Ali einer ist, malen sich ein besonderes Kennzeichen auf ihren Körper, das sie unverwechselbar macht. Ornamente, Buchstaben und Zeichen sollen für Stärke und Macht stehen.

Alter: ab 5 Jahren
Material: 1 weicher Bleistift, Pergamentpapier (Butterbrotpapier), 1 feuchtes Tuch, 1 Schere

Jedes Kind überlegt sich ein Motiv für die Körperbemalung, ein Ornament oder Zeichen (z. B. Sternzeichen, Lieblingstier, Anfangsbuchstaben), welches seine eigene Stärke und seine Person ausdrückt.

- ✧ Das Motiv für die Körperbemalung mit dem weichen Bleistift kräftig auf Pergamentpapier zeichnen.
- ✧ Das Bild mit einem Rand außenherum großzügig ausschneiden.
- ✧ Das Pergamentpapier mit dem Motiv nach unten auf die gewünschte Hautstelle geben und mit einem feuchten Tuch 30 Sekunden festdrücken.

Alis leckerer Räubertopf

Ein herzhafter Eintopf zur Stärkung schneller Diebe

Alter: ab 4 Jahren
Material: Schneidebretter, Messer, Kartoffelschäler, 1 großer Topf
Zutaten: 3 Kartoffeln, 2 Paprikaschoten (rot, grün), 2 Paar geräuchte Bratwürste oder Tofuwürstchen, 1 Zwiebel, Öl, 1 l Gemüsebrühe, 1 Tube Tomatenmark, 2 EL Ketchup, Salz, Pfeffer, Paprikapulver, Zucker

- ✧ Kartoffeln schälen, Paprika waschen und alles in Würfel schneiden.
- ✧ Die Würste in Scheiben schneiden.
- ✧ Zwiebel klein hacken und in Öl glasig dünsten.
- ✧ Würste und Kartoffeln zugeben und kurze Zeit andünsten.
- ✧ Mit Brühe ablöschen.
- ✧ Tomatenmark und Ketchup zugeben und aufkochen.
- ✧ Etwa 10 Minuten köcheln lassen.
- ✧ Die Paprika zugeben und erneut 10 Minuten kochen.
- ✧ Nach Belieben mit Salz, Pfeffer, Paprikapulver und etwas Zucker würzen.

Das glückliche Ende von 1001 Nacht

Viele, viele weitere Nächte lang verzauberte Scheherazade den König mit Geschichten, bis sie eines Tages die letzte Geschichte aus 1001 Nacht erzählte. Die Reise mit Zauberern, Abenteuern, Schätzen und einer geheimnisvollen Welt neigte sich dem Ende zu.
Schahrirar wandte seinen Blick der schönen Prinzessin zu und in seinen Augen spiegelte sich eine tiefe Zuneigung! Der König hatte in 1001 Nacht die schöne Scheherazade liebgewonnen und wollte nun nicht mehr, dass sie ging. Voll tiefer Bewunderung sprach er: „Du, Scheherazade, hast mich Nacht für Nacht mit deinen wundersamen Geschichten verzaubert und in deinen Bann gezogen. Wie könnte ich nur so einen wertvollen Menschen wegschicken? Ich will dich zu meiner Frau machen und mit dir gemeinsam alt werden! Und ich möchte mit dir Kinder haben, die deine wundervollen und lehrreichen Geschichten weitertragen bis über alle Grenzen in die Welt hinaus! So soll es sein!"

Die Prinzessin war von Freude ergriffen, denn auch sie liebte Schahrirar von ganzem Herzen. Und Scheherazade blieb. Glücklich lebten sie gemeinsam bis an das Ende ihrer Tage im schönen Palast des Königs.
Und die Geschichten aus 1001 Nacht wurden nie vergessen. Sie entführen ihre Zuhörer bis in unsere heutigen Tage in eine fantastische Welt voller Zauber und Magie!

Scheherazade besucht die Kinder zu Hause

Nachdem die Puppe die Kinder in so manches Abenteuer führt und sie begleitet, möchte sie die Kinder auch eine Nacht zu Hause besuchen.

Alter: ab 3 Jahren
Material: Scheherazade-Puppe (➔ S. 18), 1 Tasche, 1 Märchenkopie, Schatzkistchen mit allen Namen der Kinder, Glitzersteinchen

Die Kinder sitzen im „Palast" oder einer gemütlichen Märchenecke. Die Scheherazade „zieht" einen Zettel mit dem Namen eines Kindes aus der Schatzkiste. Dieses Kind besucht die Puppe für eine Nacht zu Hause.

Natürlich kommt die Prinzessin nicht mit leeren Händen. Denn in ihrer Tasche bringt sie für schöne orientalische Stunden in der Familie ihr Lieblingsmärchen aus 1001 Nacht und einen Glitzerstein mit, den das Kind als Erinnerung behalten darf. Das Märchen kann von einem Familienmitglied zu Hause vorgelesen werden.
Nach dieser Nacht bringt das Kind die Scheherazade wieder mit in die Einrichtung und ein anderes Kind darf am Ende des Tages die Prinzessin mitnehmen.

Tipp
Geben sie die Scheherazade Kindern, die Geschwister haben, an einem Wochenende mit, damit jedes Kind in der Familie die Puppe eine Nacht behalten darf.

Abschlussfest: Die lange Nacht im Orient

Nach diesem spannenden Projekt in einer fremden Kultur, bei dem die Kinder viel Geheimnisvolles und Zauberhaftes erfahren haben, darf ein großes Abschlussfest mit allen Beteiligten nicht fehlen. Wie in vielen Märchen endet die Geschichte mit einer Feier, die der König veranstaltet. Zu dem berauschenden Fest lädt er allerlei Leute aus seinem Königreich ein. So laden auch die Kinder ihr eigenes, kleines Königreich – ihre Familie und Freunde – ein, um mit ihnen „Die lange Nacht im Orient“ zu feiern.

Vorbereitung: Die unten aufgezählten Aktionen, Spiele, Gestaltungs- und Dekorationsmaterialien werden hergerichtet und vorbereitet. Das Märchenzelt bildet den Mittelpunkt. Die Beduinenzelte werden kreisförmig um das Zelt platziert, so dass dazwischen eine Gasse entsteht.

Das Fest beginnt in der Abenddämmerung. Orientalische Lichter, Leuchten, Tücher, Zelte und Gewänder erstrahlen in sanftem Licht und zaubern eine bunte Welt aus 1001 Nacht in den Garten bzw. die Räume der Einrichtung.

Folgende Besonderheiten soll es geben
- Ein großes Zelt (➔ S. 9), in dem die Scheherazade ihren Gästen Märchen aus 1001 Nacht erzählt
- Stände mit orientalischen Köstlichkeiten, z. B. Räubertopf (➔ S. 122)
- Beduinenzelte aus schweren, dunklen Leinenstoffen für den Fliegenden Teppich (➔ S. 8), Verkäufer, Windlichtverkäufer (➔ S. 12), Gewürzhändler, Wahrsagerin, Kostümnäherin (➔ S. 16), Sinneszelte „Chuschchusch (➔ S. 50), Spielzelte mit Spielen, (➔ S. 9), Fußmassage (➔ S. 65), Schlangenbeschwörer (➔ S. 15) und vieles mehr. Die Verkaufsgegenstände können von den Kindern im Vorfeld selbst hergestellt und für einen guten Zweck verkauft werden.

Die Zelte stehen gassenförmig
- Bauchtänzerinnen zeigen ihr Können (➔ S. 61)
- Räuber singen und tanzen zum „Räubertanz Masari“ (Nr. 12, ➔ S. 115)
- Zu „Auf dem Basar“ (Nr. 2, ➔ S. 126) flötet ein Schlangenbeschwörer das Tier aus einem Korb (➔ S. 15)
- Stadtkulissen aus Pappkarton bringen orientalisches Flair (➔ S. 118)
- Orientalische „Räubermusik“ spielt im Hintergrund (Nr. 12, ➔ S. 115)
- Kinder und Gäste verkleiden sich mit Schleier (➔ S. 16), Turban (➔ S. 16) und Schellenbändern (➔ S. 58)
- Orientalische Spiele werden in den „Gassen“ angeboten (➔ S. 106)

Bei der Ausgestaltung der Zelte und Stände sind der Fantasie keine Grenzen gesetzt. Alles sollte bunt, glitzernd und lebhaft sein, so steht der Stimmung aus dem Morgenland wie auf einem orientalischen Basar nichts mehr im Weg!

Auf dem Basar

Nr. 2

Musik: Thorsten Wadowski & Qusai Zureikat | Text: Thorsten Wadowski

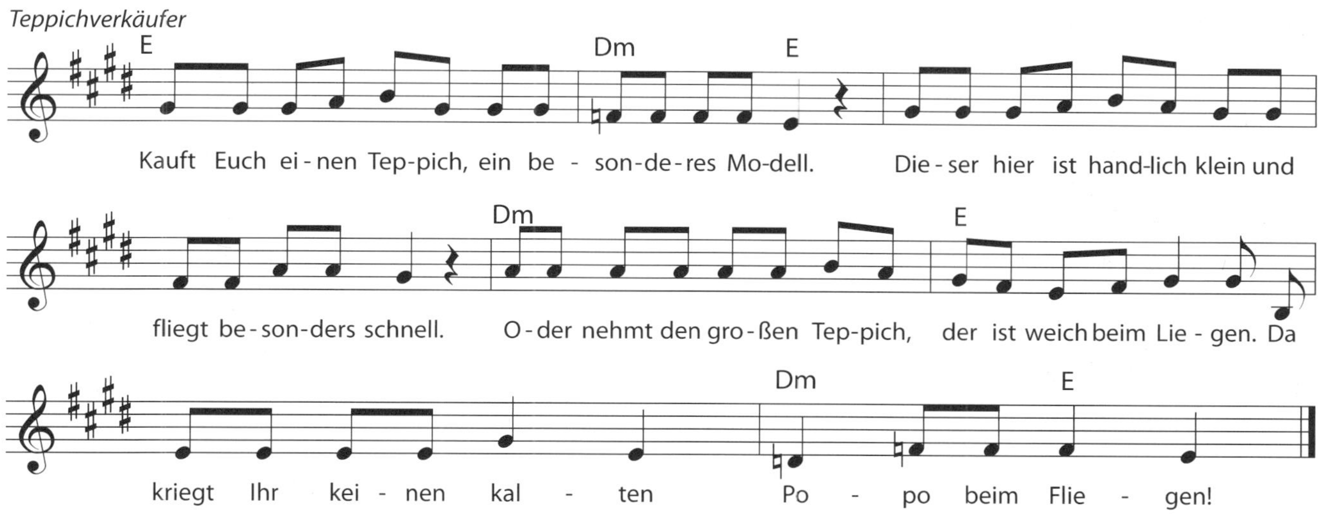

Auf dem Basar ist einiges los! Da tummeln sich Schlangenbeschwörer, Teppichhändler, Gewürzverkäufer und viele mehr! Sogar ein Feuerschlucker zeigt sein Können! Und was Feilschen heißt, das lernt hier jedes Kind!

Refrain
Auf dem Basar, da gibt's, was dir gefällt:
einen Ring für die Nase, ein Beduinenzelt.
Auf dem Basar, da sind alle, ich und du,
und dem Feuerschlucker gucken wir beim Mittagessen zu.

Flötenverkäufer
Kauft Euch eine Flöte, 'ne kurze oder lange,
und passend zu der Flöte einen Korb mit Schlange.
Doch übt genügend lange das Flötespiel zu Haus
und lasst erst die Schlange, wenn Ihr spielen könnt, heraus.

Gewürzverkäufer
Leute, kommt zu mir, kauft leckere Gewürze,
die machen nach dem Essen himmlisch schöne Fürze.
Kommt die Tante, die Ihr gar nicht leiden könnt, nach Haus,
dann würzt, dass es Euch „fürzt", und schon nimmt sie Reißaus.

Auf dem Basar …

Teppichverkäufer
Kauft Euch einen Teppich, ein besonderes Modell.
Dieser hier ist handlich klein und fliegt besonders schnell.
Oder nehmt den großen Teppich, der ist weich beim Liegen.
Da kriegt Ihr keinen kalten Popo beim Fliegen!

Auf dem Basar …

Variante

Passend zum Lied stellen die Kinder ihr Können unter Beweis. Der Schlangenbeschwörer flötet sein gefährliches Reptil aus dem Korb (➜ S. 15) und der Teppichverkäufer lädt zur Reise auf dem Fliegenden Teppich ein (➜ S. 86).

Kindergeburtstag: Auf dem Fliegenden Teppich ins Morgenland

In Kitagruppen, aber auch Zuhause lässt sich dieses besondere Geburtstagsfest wunderbar umsetzen. Ein abwechslungsreicher, abenteuerlicher und bewegungsorientierter Ablauf sorgt für gute Laune und Spannung. Je nach Situation können Spiele abgeändert, weggelassen oder durch eigene Ideen ergänzt werden. Die Reise auf dem Fliegenden Teppich lässt sich immer wieder abändern, so dass jeder Geburtstag individuell und abwechslungsreich bleibt.

Alter: ab 3 Jahren
Material: Suppenschüsseln, Löffel, orientalische Kleider (➜ S. 17), 1 Schleier oder Turban (➜ S. 16), Kinderschminke, 1 Rollbrett mit Fliegendem Teppich (➜ S. 85), Tücher, 1 großes orientalisches Sitzkissen, 1 abgedeckter Korb mit Stoffschlange (➜ S. 15), 1 Geburtstagsgeschenk (z. B. 1 selbst gemachter Kristall, ➜ S. 35), Flöte des Schlangenbeschwörers (➜ S. 15), Schatzkistchen mit Glitzersteinchen gefüllt (➜ S. 78), „Die rosa Unterhose" (CD Nr. 15, ➜ S. 108), Seil, Schellenbänder, „Geburtstagslied – Aid milad said" (CD Nr. 16, ➜ S. 129), Ein Kraftmahl für den Kalifen (➜ S. 99)

Vorbereitung
Die Geburtstagstafel mit Suppentellern und Löffeln decken.
Das Geburtstagskind schlüpft in orientalische Kleider und setzt einen Schleier bzw. Turban auf. Nach Wunsch lässt es sich schminken. Die Spielleitung bereitet ein großes Kissen als Thron vor. Das Rollbrett bedeckt sie mit einem Fliegenden Teppich. Die Kreismitte schmückt sie mit bunten Tüchern, auf die sie den Korb mit Stoffschlange, das Geschenk, Seil, Flöte und Schatzkistchen stellt.
Das Geburtstagskind wählt zwei Kinder zu seinen Ehrengästen aus, die Schellenbänder an den Füßen tragen. Diese warten gemeinsam mit dem Fliegenden Teppich-Rollbrett vor der Türe.

Spielablauf
Die Kinder setzen sich im Schneidersitz um die gestaltete Mitte. Die zwei ausgewählten Gäste ziehen das Geburtstagskind auf dem Fliegenden Teppich-Rollbrett in das Zimmer auf seinen Platz und setzen sich rechts und links daneben.
Die Reise auf dem Fliegenden Teppich beginnt (➜ S. 19).

- ✧ Wir landen gemeinsam im Palast der Prinzessin/des Prinzen, also beim Geburtstagskind und fragen, ob wir mit ihr/ihm Geburtstag feiern dürfen!
- ✧ Natürlich haben wir ein Tänzchen („Seiltanz mit rosa Unterhose", ➜ S. 110) und ein Lied („Die rosa Unterhose", CD Nr. 15, ➜ S. 108) zur Begrüßung im Gepäck.
- ✧ Das Geburtstagskind erzählt von seinen Geschenken.
- ✧ Es flötet die Schlange aus dem Korb (➜ S. 15).
- ✧ Die Spielleitung übernimmt die Rolle der Schlange und begrüßt die Kinder geheimnisvoll. Sie überreicht dem Kind ihr Geschenk und verkriecht sich müde wieder in ihren Korb.
- ✧ Alle Kinder stellen sich in einer Schlange hintereinander auf und gratulieren nacheinander zum Geburtstag. Im Hintergrund spielt der CD-Titel „Geburtstagslied – Aid milad said".
- ✧ Es folgt das Geburtstagsspiel „Asras & Ayubs Kreisel (➜ S. 106). Das Geburtstagskind stellt hier seine Hüpfkünste unter Beweis. Schafft es so oft zu hüpfen, wie es alt geworden ist?

- Das Geburtstagskind lädt seine Gäste an die vorbereitete Tafel zum Kraftmahl (➜ S. 99) ein.
- Ein gemeinsam gesprochener Tischreim (➜ S. 45) gibt das Startzeichen zum Essen.

Geburtstagslied – Aid milad said

Nr. 16

Musik: Thorsten Wadowski & Qusai Zureikat | Text: Thorsten Wadowski

1. Jedes Dromedar kommt von fern und nah
auf allen vieren, um dir zu gratulieren.
Und jede Schlange wartet heut ganz lange
für dich in der Schlangenwarteschlange.
Heute kommt zu dir jedes Beuteltier
und holt ein Geschenk aus dem Beutel dir.

Refrain
Zum Geburtstag alles Gute: Aid milad said.

2. Jede Fata Morgana spiegelt heut 'ne Torte
groß in die Luft von der allerbesten Sorte.
Und jeder Emir sagt zum Diener: „Geh mir
schnell in die Stadt, ich brauch noch ein Geschenk!"
Heut fliegen alle Teppiche zu dir, denn heut ist dein
Geburtstag und darum sind wir hier.

Refrain
Zum Geburtstag alles Gute: Aid milad said.

Spielkette: Mit Scheherazade auf dem Fliegenden Teppich

Diese Spielkette kann an Spielnachmittagen und Festen eingesetzt werden und bietet für Groß und Klein ein abwechslungsreiches Angebot an Spielen mit Bewegung und Spaß.
Prinzessin Scheherazade, die Leitfigur der Buches, nimmt alle mit auf eine Reise mit dem Fliegenden Teppich. Gemeinsam besuchen sie allerlei Märchenfiguren aus 1001 Nacht. An jedem Ort, an dem sie landen, wird ein Spiel gespielt!

Jeder erhält einen kleinen Teppich oder ein gemeinsamer großer Teppich kommt zum Einsatz.

✧ Fliegender Teppich (➔ S. 85)

Die Spielleitung verkleidet sich mit einem Schleier (➔ S. 16) und übernimmt die Rolle der Scheherazade. Sie führt die TeilnehmerInnen durch das Morgenland. Eine weitere Person verkleidet sich mit einem Turban (➔ S. 16) und schlüpft an den einzelnen Stationen in die Rolle der Märchenfiguren. Sie leitet die Spiele an.

✧ Simsalasig, Zauberteppich flieg! (➔ S. 86)

Beim ersten Landeanflug auf Sindbads Insel spielen wir mit ihm gemeinsam am Strand.

✧ Bewegte Reise (➔ S. 32)

Weiter geht der Flug über hohe Berge zum kleinen Muck. Mit ihm laufen wir gemeinsam um die Wette.

✧ Schnelle Schuhspiele (➔ S. 43) und Schleichen, Hüpfen, Drehen, Springen (➔ S. 44)

Puh! Das war anstrengend! Erstmal ruhen wir uns auf dem Weiterflug etwas aus! Doch schon bald sehen wir große Felsen und eine wilde Räuberbande darauf zureiten. Das interessiert uns und wir landen! Wir beobachten die Männer beim Räubertanz Masari (➔ S. 115) und wollen auch mitmachen.

✧ Das Lied von den 40 Räubern (Nr. 11, ➔ S. 62) und Räubertanz Masari (Nr. 12)

Das nächste Ziel der Reise liegt direkt vor uns. Wir können es schon sehen! Im Palastgarten ist ein kleiner Teich, an dem Störche vergnügt spielen. Kalif Storch winkt uns zu und lädt uns zum Mitmachen ein.

✧ Froschwache (➜ S. 76)

Der Flug geht weiter. Wir sehen eine große Stadt. Es ist Bagdad! Ein junger Mann mit Turban steht in der Gasse und bittet uns, ein Rätselspiel mit ihm zu machen.

✧ Rätsel rund um Aladins Welt (➜ S. 91)

Wir beantworten alle Fragen und geben unserem Fliegenden Teppich das Kommando zum Weiterflug! Über das Meer, durch Wind und glühende Hitze fliegen wir direkt auf einen Palast zu. Dort sehen wir die Schildkröte gerade ein Festmahl für den König zubereiten. Sie lädt uns ein, bei ihr etwas auszuruhen.

✧ Gemüsepfanne-Massage (➜ S. 100)

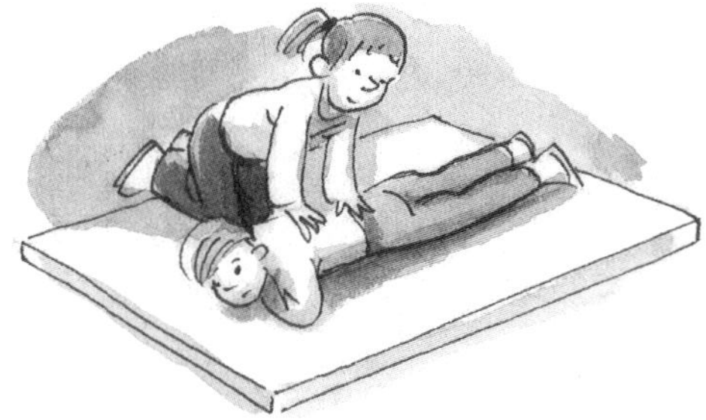

Schnell fliegen wir weiter in Richtung Stadt. Dort sehen wir zwei zankende Brüder und wollen sie mit einem Tänzchen an Hassans Seil miteinander versöhnen.

✧ Seiltanz mit rosa Unterhose (➜ S. 110)

Die letzte Station ist bei Ali, dem Meisterdieb. Doch dieser hat sich gut versteckt. Wir landen und machen uns auf die Suche nach ihm.

✧ Dem Meisterdieb auf der Spur (➜ S. 115)

Nach so einer langen, spannenden Reise tut uns vom Fliegen der Po schon weh! Ratzfatz fliegen wir aus dem Morgenland wieder nach Hause!

Anhang

Register

Spiele – Normalschrift
Basteleien – *kursiv*
Rezepte – unterstrichen
Experimente – *kursiv und unterstrichen*

Abenteuer mit Rok 33
Abschlussfest: Die lange Nacht im Orient 125
Ahavazis köstlicher Brei 44
Ali, lass dich nicht erwischen! 117
Alis leckerer Räubertopf 122
Al Quad 29

Balztanz zwischen Eule und Storch 74
Bewegte Reise 32
Blinkende Eule 77

Darbouka 29
Das Handwerk des Schlangenbeschwörers 15
Das Märchenzelt 9
Dem Meisterdieb auf der Spur 115
Der Geist aus der Flasche 91
Der Schleier der Prinzessin 16
Der Turban des Königs 16
Der verflixte Zauberschlüssel 57
Des Kalifs Pfeil und Bogen 97
Die Magie des Bauches 58
Die Münzpoliererei 121
Die Traumreise ins Morgenland 19
Dreh und weg 120

Eine Scheherazade-Puppe als Begleitfigur 18
Ein Kraftmahl für den Kalifen 99
Eintritt in den Märchenpalast 20

Fenster mit Blick ins Morgenland 14
Fingerstreiten 111
Fliegender Teppich 85
Freche Frösche fressen! 79
Froschwache 76
Fühlen 51

Gauklerstück: „Ali, der Meisterdieb“ 118
Geheimnisvoll leuchtende Kristalltänze 61
Gemüsepfanne-Massage 100

Hassans Seilspiele 106
Hören 51

Kindergeburtstag: Auf dem Fliegenden Teppich ins Morgenland 128
Körperkunst 122
Kristalle züchten 35

Lärmmacher – Instrumente aus dem Morgenland 28
Lichterkette aus 1001 Nacht 13
Logische Reihen mit Glitzersteinen 36

Magische Zauberwörter 79
Maradschas Fußmassage 65
Massageöl 64
Minizelt zum Mitnehmen 11
Mit Sang und Klang auf Sindbads Reisen 30
Mit Ziege, Gans & Schildkröte 98
Mucks Zauberstock sucht Schätze 49

Orientalischer Palast 118
Orientalische Windlichter 12

P*alast im kleinen Raum* 11
Pumphosen 17

Rätsel rund um Aladins Welt 91
Räubertanz Masari 115
Riechen 51
Riqqrassel 28

Schätze in der Höhle 58
Schatzfisch 107
Schatzkistchen des Zauberers 78
Scheherazade besucht die Kinder zu Hause . 124
Schildkrötenrennen 99
Schleichen, Hüpfen, Drehen, Springen 44
Schnelle Schuhspiele 43
Schmecken 50
Schwungsalabim 87
Sehen 50
Seiltanz mit rosa Unterhose 110
Sesam, öffne dich! 56
Simsalasig, Zauberteppich flieg! 86
Slipper für den kleinen Muck 42
Spielkette: Mit Scheherazade
auf dem Fliegenden Teppich 130
Stoffe färben 8
Storchenschnabel 75
Storchsalat 76
Storchstelzen 75
Streiten kann soooo schön sein! 112
Sudoku mit Glitzersteinen 36

Tavos Volltreffer 97
Tischreime 45
Türvorhang ins Morgenland 12

Überfall auf des Geldwechslers Haus 119

Weggetrickst 120

Lieder & Klänge

Auf dem Basar (Nr. 2) 126
Bauchtanzlied (Nr. 4) 59
Das Dromedar
mit blondem Haar (Nr. 7) 27
Das Lied von den 40 Räubern (Nr. 11) . . 62
Der Flaschengeist (Nr. 8) 89
Der Fliegende Teppich (Nr. 3) 84
Der traurige Sultan (Nr. 1) 21
Die rosa Unterhose (Nr. 15) 108
Die Turbopuschen (Nr. 13) 40
Geburtstagslied – Aid
milad said (Nr. 16) 129
Liebeslied Eule & Storch (Nr. 6) 70
Räubertanz Masari (Nr. 12) 115
Schön blöd (Nr. 14) 95
Streiten ist ganz normal (Nr. 10) 104

Literaturhinweise

Jenny Fotschki, Die Reise ins Morgenland, Meyer & Meyer, 2004

Sybille Günther, iftah ya simsim, Ökotopia Verlag, 1999

Christian Kämpf, Rätsel aus 1001 Nacht, Ravensburger Buchverlag, 2003

Barbara Lutterbeck, Jürgen Christ, Orient: Küche & Kultur, Gräfe und Unzer, 2002

Sylvia Schneider, Wonnestunden aus 1001 Nacht, Goldmann/Mosaik, 2006

Beate Wellmann (Übersetzerin), Die schönsten Geschichten aus 1001 Nacht, Xenos, 1991

Die Autorin, die Illustratorin

Michaela Fichtner, geboren 1977, lebt mit ihrem Mann und ihren zwei Kindern Hannah und Luca am Rande der Schwäbischen Alb. Michaela Fichtner ist seit 13 Jahren leidenschaftliche Erzieherin und arbeitet in einem altersgemischten Kindergarten. Dies ist auch Basis ihrer mehrjährigen Tätigkeit als Autorin. Sie sammelte Erfahrungen im Bereich Waldorfpädagogik, Kleinkindbereich, schulische Nachhilfe und leitete eine integrative Sprachfördergruppe.
Ihre Kreativität und Ideenvielfalt beim Schreiben und Fotografieren bringt sie für allerlei Fachzeitschriften im Bereich Kinderpädagogik ein. Ein weiteres Standbein ist die freie Eventfotografie. Mehrere Cover unterschiedlicher Fachzeitschriften zierten ihre Bilder. Vor allem Kinder und die Natur sind ihre Motivation. Mit diesem Buch geht ihr Traum vom eigenen spielpädagogischen Buch für Kinder in Erfüllung.

Kasia Sander, geboren 1964 in Gdynia (Polen), studierte an der Danziger Kunstakademie und machte 1993 ihr Diplom an der Fachhochschule für Design in Münster. Seitdem illustriert die Grafikdesignerin Bücher für diverse Verlage (Arena, Ökotopia, Schneider u. a.) und arbeitet seit 2006 als Karikaturistin für die *Recklinghauser Zeitung*. Darüber hinaus leitet sie Workshops in Ölmalerei und Zeichnung. Kasia Sander hat ihre Werke mehrfach in Gemeinschafts- wie Einzelausstellungen präsentiert. Für den Ökotopia Verlag hat Kasia Sander schon viele Bücher illustriert.

CD ... und dazu der Tonträger von Thorsten Wadowski und Qusai Zureikat alias „Van Tute"

Der Sultan hat gelacht nach 1001 Nacht

Wunderschöne Märchen, bezaubernd lustige Lieder, Tänze und Klänge aus dem Morgenland

Diese lebendige CD präsentiert über 70 Minuten witzige, fantasievolle Lieder und Geschichten zum Thema Orient und Märchen aus 1001 Nacht. Qusai Zureikat und Thorsten Wadowski musizieren als deutsch-arabisches Duo „Van Tute" fast ausschließlich auf akustischen und z.T. traditionellen Instrumenten (arabische Tabla, Ukulele, Zhong Ruan, Charango). Die arabische Anmutung der Musiken ist dabei Teil des charmanten Konzepts.
Gesungen wird von traurigen Sultanen, von Dromedaren, vom Treiben auf dem Basar, von fliegenden Teppichen, aber auch vom Flaschengeist in der Kindergartenflasche und davon, was man tun kann, wenn man von Größeren so richtig geärgert wird. Die 14 Lieder sind ebenso unterhaltsam wie lehrreich und werden durch zwei traditionelle Märchengeschichten ergänzt. Das „Geburtstagslied" gehört zu den Gewinnerliedern des WDR-Kinderliederwettbewerbs 2010. Das Lied „Die rosa Unterhose" belegte mehrere Wochen Platz 1 auf den WDR-Lilipuz-Charts und gehört zu den meistgewünschten Kinderliedern im Bayerischen Rundfunk 2011.

ISBN 978-3-86702-185-2

Kinder spielen Geschichte

Floerke + Schön

Markt, Musik und Mummenschanz

Stadtleben im Mittelalter

Das Mitmach-Buch zum Tanzen, Singen, Spielen, Schmökern, Basteln & Kochen

ISBN (Buch) 978-3-931902-43-8
ISBN (CD) 978-3-931902-44-5

Sybille Günther

Ritterburg & Königsschloss

Kinder spielen Ritter, Knappe, Burgfräulein, Prinz und Prinzessin

ISBN (Buch) 978-3-86702-046-6
ISBN (CD) 978-3-86702-047-3

Jörg Sommer

OXMOX OX MOLLOX

Kinder spielen Indianer

ISBN 978-3-86702-200-2

Josephine Kronfli, Pit Budde

Fliegende Feder

Indianische Kultur in Spielen, Liedern, Tänzen und Geschichten

ISBN (Buch inkl. CD)
978-3-86702-179-1
ISBN (CD) 978-3-931902-23-0

Im KIGA, Hort, Grundschule, Orientierungsstufe, offene Kindergruppen, bei Festen und Spielnachmittagen

Auf den Spuren fremder Kulturen

Die erfolgreiche Reihe aus dem Ökotopia Verlag

H.E. Höfele - S. Steffe

Kindertänze aus aller Welt

Lebendige Tänze, Kreis-, Bewegungs- und Singspiele rund um den Globus

ISBN (Buch) 978-3-936286-40-3
ISBN (CD) 978-3-936286-41-0

P. Budde, J. Kronfli

Regenwald & Dschungelwelt

In Spielen, Liedern, Bastelaktionen, Geschichten, Infos und Tänzen die faszinierende Welt der Regenwälder erleben

ISBN (Buch) 978-3-936286-96-0
ISBN (CD) 978-3-936286-97-7

Wolfgang Hering

Bewegungshits von Moskau bis Marokko

Interkulturelle Lieder, Klatschverse, Kreistänze und rhythmische Spielideen für Kids im Vor- und Grundschulalter – mit deutschen und mehrsprachigen Liedtexten

ISBN (Buch) 978-3-936286-81-6
ISBN (CD) 978-3-936286-82-3

WELTMUSIK FÜR KINDER

Kinderweltmusik im Internet

www.weltmusik-fuer-kinder.de

Comenius Siegel 2005

H.E. Höfele, S. Steffe

In 80 Tönen um die Welt

Eine musikalisch-multikulturelle Erlebnisreise für Kinder mit Liedern, Tänzen, Spielen, Basteleien und Geschichten

ISBN (Buch) 978-3-931902-61-2
ISBN (CD) 978-3-931902-62-9

Pit Budde, Josefine Kronfli

Tadias! Kommt mit nach Afrika

Musik, Tanz, Kunst, Spiele, Märchen und Weisheiten aus Afrika

ISBN (Buch) 978-3-86702-108-1

und dazu der Tonträger
ISBN (CD)
978-3-86702-109-8

S. Bierögel, A. Hemming

Sternstunden – Kinder bewegen den Globus

Fremde Länder in fantasievollen Turnstunden in Kindergarten und Grundschule erleben – mit farbigen Gerätekarten und Stundenbildern

ISBN (Ordner)
978-3-86702-155-5
ISBN (CD)
978-3-86702-156-2

Hartmut E. Höfele

Europa in 80 Tönen

Eine multikulturelle Europareise mit Liedern, Tänzen, Spiele und Bräuchen

ISBN (Buch) 978-3-931902-87-2
ISBN (CD) 978-3-931902-88-9

Miriam Schultze, Marion Ansorge

Didgeridoo und Känguru

Eine Reise durch Australien in Spielen, Liedern, Tänzen und spannenden Geschichten für Kinder

ISBN (Buch) 978-3-931902-67-4
ISBN (CD) 978-3-931902-68-1

Susanne Steffe, Hartmut E. Höfele

Mit 80 Kindern um die Welt

So leben Kinder anderswo: Bunte Geschichten, Lieder und Spielaktionen

ISBN (Buch)
978-3-86702-052-7
ISBN (CD) 978-3-86702-053-4

www.oekotopia-verlag.de

Ökotopia im Internet:
Alle Bücher und CDs finden Sie in unserem Online-Webshop

Exklusiv nur bei Ökotopia:
Lese- und Hörproben, kostenlose Liedertext-Datenbank, Schnäppchen, Veranstaltungstermine, Informationen zu den Ökotopia-AutorInnen …

Fordern Sie unseren kostenlosen Magalog an:

Ökotopia Verlag
Hafenweg 26a · D-48155 Münster
Tel.: (02 51) 48 19 80 · Fax: 4 81 98 29
E-Mail: info@oekotopia-verlag.de

Bleiben Sie mit uns in Verbindung

Gertraud Mayrhofer
Kinder tanzen aus der Reihe
Von Herbstdüften, Frühlingsklängen und Sommerträumen – ein Jahr voller Begegnungen, Berührungen, Bewegung und Tanz
ISBN (Buch inkl. CD) 978-3-936286-45-8

V. Sommerfeld, B. Huber, H. Nicolai
Toben, Raufen, Kräfte messen
Ideen, Konzepte und viele Spiele zum Umgang mit Aggressionen
ISBN 978-3-931902-41-4

Johanna Friedl
Das Ballspiele-Buch
Rollen, werfen, fangen, zielen - Ballspiele mit Kindern für alle Gelegenheiten
ISBN 978-3-936286-63-2

Wolfgang Hering
AQUAKA DELLA OMA
88 alte und neue Klatsch- und Klanggeschichten mit Musik und vielen Spielideen
ISBN (Buch) 978-3-931902-30-8
ISBN (CD) 978-3-931902-31-5

Volker Friebel, Marianne Kunz
Rhythmus, Klang und Reim
Lebendige Sprachförderung mit Liedern, Reimen und Spielen in Kindergarten, Grundschule und Elternhaus
ISBN (Buch) 978-3-936286-61-8
ISBN (CD) 978-3-936286-62-5

Sabine Hirler
Kinder brauchen Musik, Spiel und Tanz
Bewegt-musikalische Spiele, Lieder und Spielgeschichten für kleine und große Kinder
ISBN (Buch) 978-3-931902-28-5
ISBN (CD) 978-3-931902-29-2

Andrea Erkert
Das Stuhlkreisspiele-Buch
Bewegte und ruhige Spielideen zu jeder Zeit und zwischendurch
ISBN 978-3-936286-26-7

Birgit Kasprik
Wi-Wa-Wunderkiste
Mit dem Rollreifen auf den Krabbelberg - Spiel- und Bewegungsanimation für Kinder ab einem Jahr
ISBN 978-3-925169-85-4

Wolfgang Hering
Kunterbunte Bewegungshits
88 Lieder, Verse, Geschichten, leichte Hip-Hop-Stücke und viele Spielideen zum Mitmachen für Kids im Vor- und Grundschulalter
ISBN (Buch) 978-3-931902-90-2
ISBN (CD) 978-3-931902-91-9

Constanze Grüger
Bewegungsspiele für eine gesunde Entwicklung
Psychomotorische Aktivitäten für Drinnen und Draußen zur Förderung kindlicher Fähigkeiten
ISBN 978-3-936286-00-7

Bettina Ried
Eltern-Turnen mit den Kleinsten
Anleitungen und Anregungen zur Bewegungsförderung von Kindern von 1-4 Jahren
ISBN 978-3-925169-89-2

Johanna Friedl
Alles hat Hand und Fuß
Spiele zur Förderung der Motorik, Koordinations- und Wahrnehmungsfähigkeit für Kinder von 0–8 Jahren
ISBN 978-3-86702-140-1